# Farbkasten
# Deutsch
# 1 plus

**Situationen · Informationen**

Mayumi ITAYAMA / Ursula SHIOJI
Yuko MOTOKAWA / Takako YOSHIMITSU

+ mit Arbeitsbuch

SANSHUSHA

# Die deutschsprachigen Länder

| | Deutschland | Österreich | Schweiz | Liechtenstein |
|---|---|---|---|---|
| 首都 | Berlin ベルリン | Wien ウィーン | Bern ベルン | Vaduz ファドゥーツ |
| 面積 | 35万7000㎢ | 8万4000㎢ | 4万1000㎢ | 160㎢ |
| 人口 | 8300万人 | 880万人 | 840万人 | 3.7万人 |
| 通貨 | Euro ユーロ | Euro ユーロ | CHF スイス・フラン | CHF スイス・フラン |

# はじめに

　ドイツ語の世界へようこそ！

　本書は，みなさんがドイツ語を無理なく楽しく学べるよう設計しました。Farbkasten Deutsch 1 plus では初級ドイツ語を，続編の Farbkasten Deutsch 2 plus では中級レベルのドイツ語を目指します。各課には主題へのスムーズな導入と，学習項目の定着を図るため，次のような工夫をしました。

## Titelseite（扉）

　このページでは，各課のテーマ，ならびに後に続く Dialoge（対話）や練習問題で用いる語句が提示されています。

## Merkzettel（文法メモ）

　Dialoge の理解や Übungen（練習）の際の一助となるよう，必要最小限の文法を提示しました。

## Übungen（練習）

　Dialoge や扉のページで使われた重要な表現を，自分の語彙として習得できるよう，また発展・応用できるように，練習の数や，写真，イラストを増やしました。Hörübungen（聴き取り練習）についても，さまざまな形式を取り入れました。

## Bausteine（文法のまとめ）

　本編に出てきた文法項目を体系的に学習できるよう，説明や変化表などを各課の最後に設けました。

## Informationen（インフォメーション・コーナー）

　本編で取り上げなかった「時刻」「四季と月」「序数」「日付」などを巻末に盛りこみました。

## Arbeitsbuch（ワークブック）

　その課で扱った文法項目や語彙を再確認したり，復習するための練習問題をまとめました。書くことを通じて，新たに学んだ語句や表現の定着をはかってください。

## 音声（ダウンロード&ストリーミング）

　🎧 マークの箇所は音声教材として録音されています。各課の Dialoge（対話）(Lektion 11/Teil 2 は Text) と Hörübungen（聴き取り練習）については2回ずつ録音されています（1回目はナチュラルな速度，2回目はゆっくりな速度）。ゆっくりな速度の録音にポーズを入れて nachsprechen すると効果的です。


　本書のキーワードは当初から掲げている通り，「体験学習」と「自己表現」です。ドイツ語で自分のことを，自分の考えを積極的に表現してください。またクラスの仲間にもたくさん質問をしましょう。ドイツ語を学びながら，いつのまにかクラスにたくさん友だちができているかもしれません。その経験は，ドイツ語を話す人たちとのコミュニケーションにも生かされることと，私たちは確信しています。

2020 年　春

著　者

# INHALT

この教科書の主な登場人物です。それぞれの人物に関する情報が本文で見つかったら，このページに書き込んでみましょう！

名前：
職業：
出身地：
趣味：　Musik hören, kochen

名前：
職業：
居住地：
趣味：

名前：　Hans Berger
年齢：　53
職業：　Angestellter
居住：　Köln

名前：　Inge Berger
年齢：　50
職業：　Beamtin
居住地：Köln

名前：
年齢：　5
好物：　Käse
趣味：　schlafen

## 聖子のクラスメート

名前：
年齢：　21
出身地：
趣味：

名前：
年齢：　23
出身地：
趣味：　Tennis

名前：
年齢：　20
出身地：Amsterdam
趣味：　Fußball

# Begrüßung あいさつ

Guten Morgen!　Morgen!

Guten Tag!　Tag!

Hallo!　Grüß dich!

Guten Abend!　Abend!

Gute Nacht!

Auf Wiedersehen, Frau Berger!

Wiedersehen!

Tschüs!　Tschüs! Bis morgen!

Wie heißt „OHAYO!" auf Deutsch?
Wie heißt „Tschüs!" auf Japanisch?

# Im Unterricht 教室で使う表現

**Ich habe eine Frage.**
質問があります。

**Wie bitte?**
何とおっしゃいましたか？

**Noch einmal bitte.**
もう一度お願いします。

**Wie heißt „Ohayo!" auf Deutsch?**
「おはよう」はドイツ語で何と言いますか？

„Guten Morgen!"

**Wie heißt „Danke!" auf Japanisch?**
「Danke」は日本語で何と言いますか？

„Arigato!"

**Öffnen Sie das Buch auf Seite 10.**
10ページを開いてください。

| **Bitte hören Sie.** 聴きましょう。 | **Bitte sprechen Sie.** 話しましょう。 | **Bitte lesen Sie.** 読みましょう。 | **Bitte schreiben Sie.** 書きましょう。 |

# Nach Deutschland ドイツへ

Disc1

003

Ich heiße Seiko Ogawa.
Ich komme aus Kobe.
Ich bin Studentin.
Ich studiere Soziologie.
Ich spiele gern Tennis.
Ich fahre jetzt nach Deutschland.
Ich bleibe ein Jahr in Köln und lerne Deutsch.

Was erfahren wir über Seiko? 聖子に関する情報を集めましょう。

出身地： 職業： 専攻科目： 趣味：

行き先： その目的： 滞在の長さ：

Machen Sie Interviews in der Klasse. クラスで自己紹介し合ってください。

Wie heißen Sie? Ich heiße ....................................

Woher kommen Sie? Ich komme aus ....................................

Wo wohnen Sie? Ich wohne in ....................................

Was sind Sie (von Beruf)? Ich bin Student / Studentin.

Was studieren Sie? Ich studiere ....................................

| | |
|---|---|
| Anglistik 英語英文学研究 | Germanistik ドイツ語ドイツ文学研究 |
| Jura 法学 | Betriebswirtschaft (BWL) 経営学 |
| Psychologie 心理学 | Elektronik 電子工学 |
| Informatik 情報学 | Medizin 医学 |
| Pädagogik 教育学 | Mathematik 数学 |

Ich spiele gern Tennis.
Und was spielen Sie gern? Ich spiele gern ....................................

| | | |
|---|---|---|
| Baseball 野球 | Basketball バスケットボール | |
| Fußball サッカー | Volleyball バレーボール | |
| Geige バイオリン | Gitarre ギター | Klavier ピアノ |

**Teil 1** Was trinken Sie? 何を飲みますか？

Flugbegleiterin                    Seiko

Was trinken Sie?

Haben Sie Apfelsaft?

Ja … so bitte schön.

Danke schön!

was 英語の*what*に対応　　trinken 飲む　　haben 持っている　　*r* Apfelsaft りんごジュース
(*r*(*der*): 男性名詞　　*e*(*die*): 女性名詞　　*s*(*das*): 中性名詞　　*pl*: 複数形)

**Übung 1** Spielen Sie Dialoge. 例にならい「〜はありますか？」と聞き，Ja か Nein のフレーズを使って答えてください。

Was trinken Sie?

Ja, | einen Moment!
    | natürlich!
    | sicher!

Nein, leider nicht.

Haben Sie Apfelsaft?

ja はい
Einen Moment! 少々お待ちください
natürlich / sicher もちろん
nein いいえ
leider nicht 残念ながらありません

1)

Orangensaft

2)
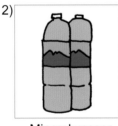
Mineralwasser

3)

Bier

4)

Wein

5)

Kaffee

6)

Tee

7)

Cola

8)
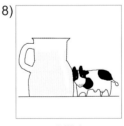
Milch

Disc1
ナチュラル
006
ゆっくり
007

**Übung 2** Hören Sie. 聖子は Flugbegleiterin に注文したい飲み物があるかどうか聞いています。
①どの順番で聞いていますか？　順番に従って（　　）に数字を入れてください。
②また Flugbegleiterin はどう答えていますか？　線で結びつけてください。

Seiko                                    Flugbegleiterin

Haben Sie ...........................?

( 　　) grünen Tee

( 　　) Orangensaft

( 　　) Reiswein

( 　　) Oolongtee

( 　　) Weißwein

( 　　) Kaffee

Ja, einen Moment!

Ja, natürlich!

Ja, sicher!

Ja … so bitte schön!

Nein, leider nicht

番外編　Machen Sie selber Dialoge und spielen Sie.　飛行機の中で Flugbegleiterin に飲み物を注文する Dialog を作ってみましょう。注文した飲み物がある場合，ない場合などバリエーションをつけて，パートナーと Rollenspiel（ロールプレイ）をしてみてください。

trinken
ich    trinke
Sie    trinken

**Übung 3** Machen Sie Interviews in der Klasse.
クラスメートと好きな飲み物を尋ね合ってください。

Was trinken Sie gern?　　　　Ich trinke gern ...........................。

Disc1
008 **Danke! Bitte!**

Bitte!　　Danke!　　　Bitte schön?　　　Danke!　　Bitte!

Disc1
ナチュラル
**009**
ゆっくり
**010**

**Teil 2** Sind Sie Studentin?　学生さんですか？

Fluggast  Seiko

Entschuldigung, sind Sie Studentin?　　Ja, ich studiere
Soziologie. Und Sie?

Ich bin Angestellter.　　Ange…?

Angestellter. Ich arbeite
bei Volkswagen.　　Ach so.

Was machen Sie denn in
Deutschland?　　Ich lerne Deutsch.

Und wo?　　In Köln.

Entschuldigung　すみません
Ich bin Angestellter. 私は会社員です（女性の場合はIch bin Angestellte.）
bei ... arbeiten　〜で働く　　machen　〜する　　denn　いったい　　lernen　〜学ぶ　　wo　どこで

**Übung 4** Spielen Sie Dialoge.　例にならい職業を尋ね，それに対して Ja か Nein で答えてください。

Sind Sie │ Student?
　　　　　│ Studentin?

Ja, ich bin │ Student.
　　　　　　│ Studentin.

Nein, ich bin │ Angestellter.
　　　　　　　│ Angestellte.

sein 〜である
ich　bin
Sie　sind

1)
Lehrer / Lehrerin

2)
Kellner / Kellnerin

3)
Verkäufer / Verkäuferin

4)
Schauspieler / Schauspielerin

5)
Arzt / Ärztin

6)
Politiker / Politikerin

**Übung 5** Hören Sie und ergänzen Sie. 答えを聴き取り，下線部に入れてください。

Disc1
ナチュラル
011
ゆっくり
012

Was sind Sie von Beruf?

1) Ich bin ........................................... Ich arbeite bei ...............................................

2) Ich bin ........................................... Ich studiere ........................... in ...........................

**Übung 6** Ergänzen Sie. 次の人物の職業は何ですか？

1) Ich heiße Naomi Osaka. Ich bin .................................

2) Ich heiße Shohei Otani. Ich bin .................................

3) Ich heiße Michael Ende. Ich bin .................................

4) Ich heiße Albert Einstein. Ich bin .................................

5) Ich heiße Angela Merkel. Ich bin .................................

6) Ich heiße Wolfgang Amadeus Mozart. Ich bin .................................

| |
|---|
| Baseballspieler |
| Komponist |
| Physiker |
| Schriftsteller |
| Tennisspielerin |
| Politikerin |

**Übung 7** Ergänzen Sie. 下から選んだ動詞を，下線部に適切な形にして入れ，Dialog を完成させてください。

Kazuya Yamamoto                    Nadine Müller

Wie ........................... Sie?

Ich ........................... Müller. Und Sie?

Ich ................. Yamamoto. Ich ................. Student.
Was ..................... Sie von Beruf?

Ich ................. Flugbegleiterin. Ich ................. bei ANA.
Woher ..................... Sie?

Ich ..................... aus Japan.

Und was ........................... Sie in Deutschland?

Ich ..................... Jura.                    Ach so.

| arbeiten   kommen   heißen   machen   sein   studieren |
|---|

**Disc1 013** 1. Alphabet

| **A a** a: | **B b** be: | **C c** tse: | **D d** de: | **E e** e: | **F f** ɛf | **G g** ge: |
|---|---|---|---|---|---|---|
| **H h** ha: | **I i** i: | **J j** jɔt | **K k** ka: | **L l** ɛl | **M m** ɛm | **N n** ɛn |
| **O o** o: | **P p** pe: | **Q q** ku: | **R r** ɛr | **S s** ɛs | **T t** te: | **U u** u: |
| **V v** faʊ | **W w** ve: | **X x** ɪks | **Y y** ˈʏpsilɔn | **Z z** tsɛt | | |
| | | | **Ä ä** ɛ: | **Ö ö** ø: | **Ü ü** y: | **ß ß** ɛs-ˈtsɛt |

**Disc1 014** 2. 発音の規則

1）原則としてローマ字読みをする。

aは，日本語より口を大きめに開ける。eとiは唇を横に引っ張るように開け，oとuは唇を丸くとがらせて発音する。

2）アクセントは原則として最初の母音にある。

後に続く子音がひとつのとき，母音は長めに発音する。　　Jura　　haben

後に続く子音がふたつ以上のとき，母音は短めに発音する。　kommen　Milch

**Disc1 015** 3. ローマ字読みできないもの

1）ウムラウト

Ä　ä: [a] の口で「エ」と言う。　Ärztin

Ö　ö: [o] の口で「エ」と言う。　Köln

Ü　ü: [u] の口で「イ」と言う。　Übung

2）母音が二つ重なっているとき（二重母音）

ei　[aɪ]　Wein

ie　[iː]　Sie

au　[aʊ]　Schauspieler

eu　[ɔʏ]　Deutsch

äu　[ɔʏ]　Verkäuferin

**Disc1 016**

CD　　USA　　pH

BMW　　WC

VW　　PC　　EU

# Der erste Tag in der Gastfamilie

ホストファミリーでの第一日目

Hallo!
Wie geht's?

Sehr gut!
Und dir?

Gut!

Es geht.

Nicht so gut.

Guten Tag! Wie geht es Ihnen, Herr Grund?

Danke, gut! Und Ihnen?

Danke, auch gut.

Sind Sie müde, Frau Ogawa?

Ja, ich bin sehr müde.

**Teil 1** Am Flughafen　ドイツに到着した聖子を，ホームステイ先のオリヴァーが出迎えます。

Oliver　　　　　　　　　　　　　　　Seiko

Bist du Seiko?

Ja, und du bist ...

Oliver, Oliver Berger.

Hallo!

Sprichst du Deutsch?

Ja, ein bisschen.

Willkommen in Deutschland!
Bist du müde?

Nein ... (sie gähnt) ... ja.

sprichst < sprechen 話す　　ein bisschen 少し
Willkommen in ... ! ～へようこそ
müde 疲れた　　gähnen あくびをする

**Übung 1** Ergänzen Sie zuerst die Fragen und dann hören Sie den Dialog.　聖子にオリ
ヴァーがいろいろ質問しています。下の動詞を使って，オリヴァーの質問を完成させてく
ださい。その後 Dialog を聴いて確認してください。

> kommen : Du **kommst** aus Japan.
> sein　　 : Du **bist** Student / Studentin.
> sprechen : Du **sprichst** Deutsch.

.................... du aus Osaka?

Nein, aus Kobe.

.................... du Studentin?

Ja.

Was ..................... du?

Soziologie.

Wie lange ..................... du in Deutschland?

Ein Jahr.

Du ..................... gut Deutsch!

Danke.

wie lange どのくらいの間

| kommen | bleiben | sein | sprechen | studieren |

**Übung 2** Hören Sie. Was sagen Seiko und Oliver? 今度は聖子がオリヴァーに質問をしています。Dialog を聴いて，① 正しい答えに印をつけてください。② 下線部に動詞を聴き取って入れてください。

.......................... du ☐ Student ☐ Schauspieler ☐ Kellner?

Ja, aber ich .......................... zurzeit ein Praktikum.

Ein Praktikum? Und wo?

In einer ☐ Bank ☐ Firma ☐ Schule.

Was .......................... du gern?

Ich .......................... gern
☐ Fußball ☐ Basketball ☐ Volleyball.

.......................... du Japanisch?

Nein, aber ich spreche ein bisschen
☐ Französisch ☐ Englisch ☐ Koreanisch.

aber しかし    zurzeit 目下のところ    s Praktikum 実習    e Bank 銀行
e Firma 会社    e Schule 学校    Französisch フランス語    Koreanisch 韓国語

**Zahlen**

| | | | |
|---|---|---|---|
| 0 null | 10 **zehn** | 20 zwanzig | 30 drei**ß**ig |
| 1 eins | 11 **elf** | 21 ein**und**zwanzig | 40 vierzig |
| 2 zwei | 12 **zwölf** | 22 zwei**und**zwanzig | 50 fünfzig |
| 3 drei | 13 dreizehn | 23 drei**und**zwanzig | 60 **sech**zig |
| 4 vier | 14 vierzehn | 24 vier**und**zwanzig | 70 **sieb**zig |
| 5 fünf | 15 fünfzehn | 25 fünf**und**zwanzig | 80 achtzig |
| 6 sechs | 16 **sech**zehn | 26 sechs**und**zwanzig | 90 neunzig |
| 7 sieben | 17 **sieb**zehn | 27 sieben**und**zwanzig | 100 hundert |
| 8 acht | 18 achtzehn | 28 acht**und**zwanzig | 101 hunderteins |
| 9 neun | 19 neunzehn | 29 neun**und**zwanzig | |

| | | | |
|---|---|---|---|
| 1 000 | tausend | 100 000 | hunderttausend |
| 10 000 | zehntausend | 1 000 000 | eine Million |

**Teil 2** Familienfoto  聖子は家族の写真を見せています。

Oliver                          Seiko

Wer ist das?                    Das ist mein Bruder Koji.

Und was ist er von Beruf?

Er ist Lehrer. Er wohnt in Osaka.

Wie alt ist er?               Er ist dreißig.

Und das sind deine Eltern, nicht wahr?

Ja, sie wohnen in Kobe.
Mein Vater ist Angestellter und meine
Mutter ist Beamtin.

wer 誰　　mein 私の〜（後ろに男性名詞, 中性名詞がくるときの形。女性名詞, 複数のときはmeine）
r Beruf 職業　　wohnen 住んでいる　　wie alt 英語のhow old に対応　　Eltern pl 両親
... nicht wahr?（文の後につけて）〜だよね？／〜ですよね？　　e Beamtin（女性の）公務員

**Übung 3**  Spielen Sie den Dialog weiter.　オリヴァーになったつもりで, おじのイェーガー氏に
ついての質問にそれぞれ答えてみてください。

Wer ist das?                   Das ist mein Onkel.

Wie heißt er?              Er heißt ........................... .

Was ist er von Beruf?        Er ist ........................... .

Wie alt ist er?              Er ist ........................... .

Wo wohnt er?              Er wohnt in ........................... .

Was macht er gern?        Er ........................... gern.

Name: Karl-Heinz Jäger
Beruf: Angestellter
Alter: 53
Wohnort: Köln
Hobby: tanzt gern

**Übung 4** Stellen Sie Ihre Familie vor. 下の語彙を使って自分の家族を紹介してください。

### Familienmitglieder

Vater 父  Mutter 母  Bruder 兄・弟  Schwester 姉・妹
Großvater 祖父  Großmutter 祖母  Onkel おじ  Tante おば

### Beruf

Beamter / Beamtin 公務員
Rentner / Rentnerin 年金生活者
Schüler / Schülerin 生徒
Hausmann / Hausfrau 主夫／主婦

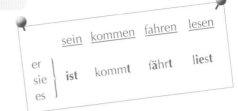

sein  kommen  fahren  lesen

er
sie } ist  kommt  fährt  liest
es

### Hobbys

kochen 料理をする  angeln 釣りをする  Musik hören 音楽を聴く  singen 歌う  lesen 読書をする
Rad fahren 自転車に乗る  ins Kino gehen 映画を観に行く  schwimmen 泳ぐ  joggen ジョギングをする

Disc1
ナチュラル
027
ゆっくり
028

**Übung 5** Hören Sie. Was sagen Oliver und Seiko? 聖子とオリヴァーがある写真を見ながら
話しています。誰について話していますか？ ①下線部には適切な疑問詞を聴き取って入
れてください。②正しい答えに印をつけてください。

........................... ist das?

Das ist meine
☐ Freundin ☐ Mutter ☐ Schwester  Nadine.

Sie ist schön. ........................... ist sie von Beruf?

Sie ist ☐ Verkäuferin ☐ Flugbegleiterin
☐ Schauspielerin.

Und ........................... wohnt sie?

Sie wohnt in ☐ Hamburg ☐ Frankfurt ☐ Düsseldorf.

**Übung 6** Ergänzen Sie. （    ）内の動詞を適切な形にして，下線部に入れてください。

1) Wie ................... du? (heißen)    Was ................... du von Beruf? (sein)

   Woher ................... du? (kommen)    Wo ................... du? (wohnen)

2) Das ................... mein Bruder. (sein)    Er ................... Koji. (heißen)

   Er ................... Lehrer. (sein)    Er ................... in Osaka. (wohnen)

3) Meine Mutter ................... Maria. (heißen)    Sie ................... Beamtin. (sein)

   Sie ................... aus Berlin. (kommen)    Sie ................... gern Gitarre. (spielen)

## 1. 不定詞と定動詞

不定詞：動詞が何の変化もしていない状態　**komm** **en**
語幹　語尾

定動詞：文中で主語に応じて変化した形。主文の中では常に2番目に置かれる。疑問詞を用いない疑問文では文頭に置く。疑問詞がある場合は，疑問詞の後に置く。

- ○ **Kommst** du aus Kobe?　　● Nein, ich **komme** aus Osaka.
- ○ Woher **kommst** du?　　● Ich **komme** aus Kobe.

## 2. 動詞の現在人称変化　動詞の形は，主語の人称と数に応じて変化する。

### 《sein と haben の現在人称変化》

| 不定詞　**sein** 〜である（英語の be 動詞） | | | | **haben** 〜を持っている（英語の have） | | | |
|---|---|---|---|---|---|---|---|
| | 単数 | 複数 | | 単数 | | 複数 | |
| 1人称 | ich 私は **bin** | wir 私たちは **sind** | | ich **habe** | | wir **haben** | |
| 2人称 | du 君は **bist** | ihr 君たちは **seid** | | du **hast** | | ihr **habt** | |
| | Sie あなたは **sind** | Sie あなたたちは **sind** | | Sie **haben** | | Sie **haben** | |
| 3人称 | er 彼は / sie 彼女は / es それは **ist** | sie 彼らは/彼女らは/それらは **sind** | | er/sie/es **hat** | | sie **haben** | |

### 《規則動詞》語尾が規則的な変化をする

| 不定詞　kommen 来る | | | | arbeiten 働く | | | |
|---|---|---|---|---|---|---|---|
| | 単数 | 複数 | | 単数 | | 複数 | |
| 1人称 | ich komme | wir kommen | | ich arbeite | | wir arbeiten | |
| 2人称 | du kommst | ihr kommt | | du arbeitest | | ihr arbeitet | |
| | Sie kommen | Sie kommen | | Sie arbeiten | | Sie arbeiten | |
| 3人称 | er/sie/es kommt | sie kommen | | er/sie/es arbeitet | | sie arbeiten | |

### 《語幹の変化する不規則動詞》du と er/sie/es のとき，語幹の母音が変化する（語尾は規則動詞と同じ変化）

| 不定詞　fahren （乗り物で）行く | |
|---|---|
| ich | fahre |
| du | fährst |
| Sie | fahren |
| er/sie/es | fährt |

| 不定詞　lesen 読む | |
|---|---|
| ich | lese |
| du | liest |
| Sie | lesen |
| er/sie/es | liest |

# Seikos neue Umgebung 新しい環境

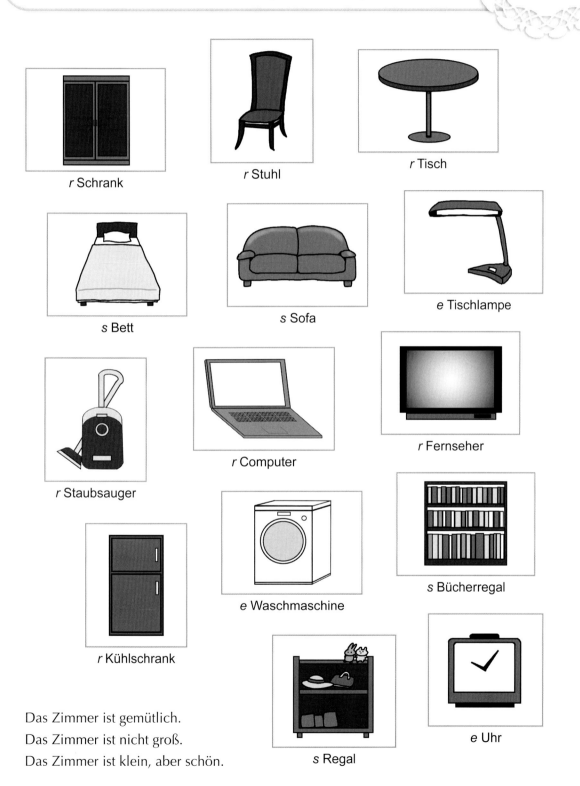

*r* Schrank

*r* Stuhl

*r* Tisch

*s* Bett

*s* Sofa

*e* Tischlampe

*r* Staubsauger

*r* Computer

*r* Fernseher

*r* Kühlschrank

*e* Waschmaschine

*s* Bücherregal

*s* Regal

*e* Uhr

Das Zimmer ist gemütlich.
Das Zimmer ist nicht groß.
Das Zimmer ist klein, aber schön.

**Teil 1** Seikos Zimmer　オリヴァーのお父さんが聖子を部屋に案内します。

Herr Berger　　　　　　　　　Seiko

So, das ist Ihr Zimmer. Nicht groß, aber gemütlich.

Das Zimmer ist schön!
Ein Bett, ein Tisch, ein Stuhl,
ein Schrank und ein Bücherregal.

Ja, alles ist da.

Ja, aber haben Sie vielleicht noch
eine Tischlampe?

Ach ja, natürlich.

Ihr +男性及び中性名詞の単数形(Ihre +女性名詞及び名詞の
複数形）あなたの〜は　s Zimmer 部屋　groß 大きい
aber しかし　gemütlich 居心地のよい　schön 美しい
alles すべてのもの　da ここに　vielleicht ひょっとして
noch さらに　natürlich もちろん

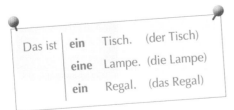

| Das ist | ein | Tisch. (der Tisch) |
| | eine | Lampe. (die Lampe) |
| | ein | Regal. (das Regal) |

**Übung 1**　Was ist das?　例にならって部屋にある家具をドイツ語で言ってみましょう。

Was ist das?　　　　　Das ist ein Tisch.

1) 　2) 　3) 　4)

5) 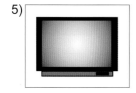　6) 　7) 　8)

**Übung 2** Was fragt Seiko? 何かが欲しいときや足りないときに「～はありませんか？」と尋ねるには，Haben Sie vielleicht noch einen / eine / ein ...? と言うとよいでしょう。聖子になったつもりで下の絵の物があるかどうか尋ねてください。

Haben Sie vielleicht noch ................................?

Haben Sie | einen Tisch ?
eine Lampe ?
ein Regal ?

1)
*s* Badetuch

2) *e* Wolldecke

3)
*r* Kleiderbügel

4)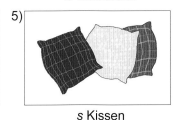
*e* Vase

5) *s* Kissen

6)
*r* Papierkorb

Disc1
ナチュラル
031
ゆっくり
032

**Übung 3** Hören Sie. Was hat Oliver in seinem Zimmer? 聖子はオリヴァーの部屋を見せてもらっています。彼の部屋には何がありますか？ あるものに印をつけましょう。

 Das ist mein Zimmer. Es ist klein, aber gemütlich.

Das Zimmer ist schön! Ein Bett, ein Tisch, ein Stuhl,
☐ ein Sofa, ☐ ein Schrank, ☐ eine Tischlampe, ☐ ein Computer,
☐ ein Bücherregal, ☐ ein Fernseher, ☐ eine Ladestation.
Alles ist da!

*e* Ladestation 充電器

番外編 Was haben Sie in Ihrem Zimmer? 自分の部屋に何があるかドイツ語で言ってください。
A) Was haben Sie? Und was haben Sie nicht? 持っていない物もあげましょう。
B) Machen Sie Interviews. インタビューをしてください。

Hast du | einen Fernseher | ?
eine Tischlampe
ein Sofa
...... ......

Ich habe | keinen Tisch.
keine Lampe.
kein Regal.

**Teil 2** Oliver bringt Seiko eine Lampe.　オリヴァーがスタンドを持って来てくれました。

Oliver　　　　　　　　　　Seiko

Hier ist die Lampe.

Ach, vielen Dank!
Du Oliver, ist hier in der Nähe eine Post?

Ja, natürlich.
Die Post ist gleich um die Ecke.　　　Danke.

Und was machst du jetzt?

Ich gehe auf die Post!

Vielen Dank! どうもありがとう
hier in der Nähe この近くに　　e Post 郵便局
gleich（空間的・時間的に）すぐ
um die Ecke 角を曲がって　　machen する
jetzt 今, これから　　gehen 行く

**Übung 4** Fragen Sie in der Klasse. 「この近くに～はありますか?」とクラスメートに聞いてください（答える人は Ja か Nein で答えてください）。

Ist hier in der Nähe ............................. ?　　Ja.　　Nein.

1) スーパーマーケット　2) 銀行　3) 携帯ショップ　4) 本屋
5) 薬局　　　　6) 映画館　7) パン屋　　8) 喫茶店

Apotheke

| e Apotheke | e Buchhandlung | s Café | e Bäckerei |
| r Supermarkt | e Bank | r Handyshop | s Kino |

**Übung 5** Wohin geht Seiko? Verwenden Sie die Wörter in Übung 4. 聖子はどこに行くの
ですか？ Übung 4 の名詞を使い，「聖子は〜に行く」という文を作りましょう。

Wohin geht Seiko?　　*r* Supermarkt →　　Sie geht in den Supermarkt.

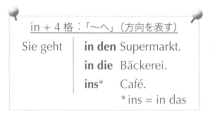

in + 4 格：「〜へ」（方向を表す）

Sie geht
**in den** Supermarkt.
**in die** Bäckerei.
**ins*** Café.
* ins = in das

*r* Bahnhof（駅），*e* Post（郵便局），*e* Bank（銀行）
には，in ではなく auf + 4 格を用いる。

Sie geht
**auf den** Bahnhof.
**auf die** Post.
**auf die** Bank.

Disc1
ナチュラル
035
ゆっくり
036

**Übung 6** Hören Sie. Was macht Oliver? Was machen Herr und Frau Berger? オリヴァー
とベルガー夫妻は，今日の午後それぞれ何をするのでしょうか？ 聴き取った語を下線部
に書き入れて，会話を完成させましょう。

1) Was machst du heute Nachmittag, Oliver?

Ich gehe ............................................................ .
Ich kaufe ........................... und ........................... .

2) Frau Berger, Herr Berger, was machen Sie heute Nachmittag?

Wir gehen ........................................................ .
........................................... ist gleich um die Ecke.
Kommen Sie doch mit!

Ja, gern!

**Übung 7** Fragen Sie in der Klasse. クラスメートに今日の午後，何をするのか尋ねてください。
答える人は下の語を使って「〜へ行く」と答えてください。

Was machst du heute Nachmittag?

Was machst du heute Abend?　　　　Ich gehe ........................... .

*r* Tennisplatz* テニスコート　　*s* Kaufhaus デパート　　　　　*s* Schwimmbad プール
*e* Stadt 街　　　　　　　　　　*e* Konditorei ケーキ屋　　　　*r* Waschsalon コインランドリー
*e* Bibliothek 図書館　　　　　　*r* Fußballplatz* サッカーグラウンド　*s* Museum 博物館
*s* Restaurant レストラン　　　　*s* Konzert コンサート　　　　　*s* Theater 劇場
*s* Kino 映画館　　　　　　　　*s* Baseballstadion 野球場

*auf を用いる

# BAUSTEINE

## １．名詞

ドイツ語の名詞には文法上の性があり，男性・女性・中性名詞の３つのグループに分かれる。

| 男性名詞 | 女性名詞 | 中性名詞 |
|---|---|---|
| der Vater | die Mutter | das Kind |
| der Tisch | die Lampe | das Bett |

この教科書では名詞の性を *r* (der)，*e* (die)，*s* (das) と表す

## ２．冠詞

名詞の性によって異なる形を持ち，格によって変化する。

《不定冠詞の格変化》 まず１格と４格を覚えよう

| | *r* Tisch | | *e* Lampe | | *s* Bett | |
|---|---|---|---|---|---|---|
| １格（～は） | **ein** | **Tisch** | **eine** | **Lampe** | **ein** | **Bett** |
| ２格 | eines | Tisches | einer | Lampe | eines | Bettes |
| ３格 | einem | Tisch | einer | Lampe | einem | Bett |
| ４格（～を） | **einen** | **Tisch** | **eine** | **Lampe** | **ein** | **Bett** |

《定冠詞の格変化》 格変化のパターンは不定冠詞の場合と大体共通している。女性名詞と中性名詞は１格と４格が同形

| | *r* Tisch | | *e* Lampe | | *s* Bett | |
|---|---|---|---|---|---|---|
| １格 | **der** | **Tisch** | **die** | **Lampe** | **das** | **Bett** |
| ２格 | des | Tisches | der | Lampe | des | Bettes |
| ３格 | dem | Tisch | der | Lampe | dem | Bett |
| ４格 | **den** | **Tisch** | **die** | **Lampe** | **das** | **Bett** |

## ３．前置詞の格支配

前置詞には３格支配で「場所」，４格支配で「方向」を表すものがあり，これを３・４格支配の前置詞という。

in（中で／へ），auf（上で／へ），an（～の際で／へ），neben（横で／へ），vor（前で／へ），hinter（後ろで／へ），über（上の方で／へ），unter（下で／へ）zwischen（間で／へ）

Robert geht **ins** Häuschen.　　　　　　　Er springt **auf das** Häuschen.

　　　　Er ist **im** Häuschen.　　　　　　　　　　　Er ist **auf dem** Häuschen.

　　　　　　im=in dem

# Lernen und Freizeit 勉強と余暇

Was macht Seiko?　聖子は何をしていますか？　絵に合う文を選んで書き入れましょう。

| | |
|---|---|
| Seiko isst ein Eis. | Seiko wäscht das Auto. |
| Seiko lernt in der Bibliothek. | Seiko schreibt eine E-Mail. |
| Seiko macht eine Pause. | Seiko lernt Vokabeln. |

.................................. ..................................

.................................. ..................................

.................................. ..................................

**Teil 1** Nach dem Unterricht. 授業の後，聖子が Mediothek（視聴覚資料室）で辞書や数冊の本をかたわらに何やら書いています。そこへ同じクラスのアランが声をかけてきました。

Alain　　　　　　　　　　　　　　　　　　　　　　Seiko

Du Seiko, was machst du denn?

Ach, Alain!
Ich muss bis morgen einen Aufsatz schreiben.

Immer musst du lernen!
Willst du nicht mal eine Pause machen?

Nein, das geht nicht.

Schade, Carmen und ich möchten
ein Eis essen gehen.

Eis? Dann ja!

muss（< müssen 英語の*must*に対応）〜しなければならない　　bis 〜まで
morgen 明日　　*r* Aufsatz 作文　　schreiben 書く　　immer いつも
Willst du nicht ... ?（duで話す相手に対して）〜したくない？
*e* Pause 休憩（eine Pause machen 休憩する）
Das geht nicht. だめです　　schade 残念な
möchten（< mögenの接続法第 2 式）〜したいと思う（控えめな願望表現）
*s* Eis アイスクリーム, 氷　　essen gehen 食べに行く（essen 食べる　gehen 行く）
dann それだったら

**Übung 1** Laden Sie einen Klassenkameraden / eine Klassenkameradin zu einem Eis
ein. クラスメートに「アイスクリームを食べに行こう」と誘ってみてください。誘われた
ほうは，「〜しなければならない」と話法の助動詞 müssen を使い，断ってください。

Wir möchten ein Eis essen gehen.
Möchtest du auch kommen?

Ich **schreibe** einen Aufsatz auf Deutsch.

↓

Nein, das geht nicht.
Ich |muss| einen Aufsatz auf Deutsch **schreiben**.

1) Ich **mache** Hausaufgaben.

2) Ich **arbeite** für einen Test.

3) Ich **lerne** Vokabeln.

4) Ich **gehe** in den Supermarkt.

5) Ich **gehe** in die Apotheke.

**Übung 2** Was muss Seiko wohl tun? Was möchte sie wohl machen? 聖子は何をしなけ
ればいけないのですか，何をしたいと思っていますか。

Seiko muss Vokabeln lernen.

Seiko möchte Pizza essen gehen.

| | | |
|---|---|---|
| Vokabeln lernen | Pizza essen gehen | ins Kino gehen |
| Grammatik lernen | ins Café gehen | Hausaufgaben machen |
| ein Eis essen gehen | eine Pause machen | |
| für einen Test lernen | eine E-Mail schreiben | |

**Übung 3** Was müssen Sie machen? Was möchten Sie machen? Schreiben Sie. あなた
は何をしなければいけませんか，何をしたいと思いますか。それぞれ 3 つの文を書いてく
ださい。

Ich muss für einen Test lernen. Ich muss ...
Ich möchte eine Pause machen. Ich möchte ...

**Übung 4** Machen Sie in der Klasse Dialoge. Sie können die Sätze aus Übung 3 benutzen.
Übung 3 の文を使って，Dialog を作りましょう。

Ich möchte eine Pause machen.
Möchtest du auch eine Pause machen?

Nein, das geht nicht. Ich muss für einen Test lernen.

Ja, gern.

**Teil 2** Jan hat Ärger. 聖子のクラスメートのヤンが怒っています。

Disc1
ナチュラル
039
ゆっくり
040

Seiko                                            Jan

**Hallo, Jan! Was ist denn los?**

**Ach Seiko. Meine Gastfamilie ist sehr streng.**

**Ja?**

**Ja, es gibt bei uns sehr viele Vorschriften.
Ich muss schon um 6 Uhr zu Abend essen.
Und ich darf am Abend nicht duschen.**

**Wirklich? Ich darf bis 10 Uhr duschen.**

**Außerdem muss ich bis 11 Uhr wieder zu Hause sein.
Da kann man ja nicht einmal in den Klub gehen!**

**O je. Aber meine Gastfamilie ist nicht so streng.**

**Da hast du aber Glück, Seiko.**

Was ist denn los? いったいどうしたの？    *e Gastfamilie* ホストファミリー

sehr とても    streng 厳しい    es gibt ... 英語の *there is / there are* に対応

bei uns 私たちのところで    viele Vorschriften たくさんの規則

zu Abend essen 夕食をとる    duschen シャワーを浴びる

darf (< dürfen) ～してよい    darf nicht ～してはいけない

bis ～まで(に)    außerdem おまけに    wieder 再び

zu Haus(e) 家に／で    da それでは／その点では

kann (< können) ～できる    einmal 一度

aber （文中で驚きを表して）まったく    *s Glück* 幸運

◆ beiは3格の名詞や人称代名詞とともに用いると「～のところで」という意味になる。

**Übung 5** Was muss Jan machen? Was darf er machen?    ヤンのホストファミリーはとても厳し
く, 他にも規則がいろいろとあるようです。ヤンは何をしなければならないのでしょうか。
何をしてもよいのでしょうか。

Jan ....*darf*.... fernsehen – aber nur bis 11 Uhr.

Jan .................. sein Zimmer selber ......................

Jan .................. ausgehen – aber nur bis 11 Uhr.

Jan .................. seine Wäsche selber ......................

Jan .................. sein Frühstück selber ......................

nur ～だけ

fernsehen テレビを見る
**sein Zimmer selber putzen**
　部屋を自分で掃除する
**ausgehen** 出かける
**seine Wäsche selber waschen**
　洗濯物を自分で洗う
**sein Frühstück selber machen**
　朝食の準備を自分でする

**Übung 6** Was dürfen Sie machen? Was dürfen Sie nicht machen? Was müssen Sie machen? あなたは次のことをしてもいいですか，してはいけませんか，しなければなりませんか。下の表に印をつけて，発表しましょう。

| | Ich darf ... | Ich darf (...) nicht ... | Ich muss ... |
|---|---|---|---|
| meine Wäsche selber waschen | | | |
| mein Zimmer selber putzen | | | |
| mein Essen selber machen | | | |
| Motorrad fahren | | | |
| allein reisen | | | |

s Essen 食事　s Motorrad バイク　allein 一人で　reisen 旅行する

**Übung 7** Erklären Sie die Bilder. 与えられた語を使い，絵を見て「ここでは～できる」または「ここでは～してはいけない」と言ってみましょう。

Hier **kann** man schwimmen.　　　　Hier **darf** man <u>nicht</u> rauchen.

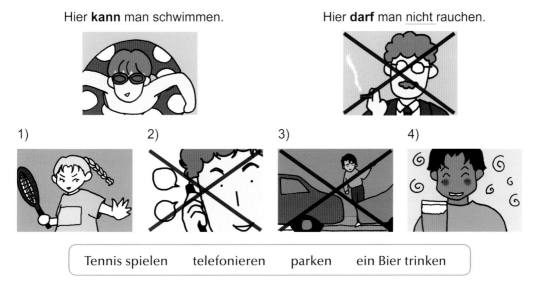

1)　　　2)　　　3)　　　4)

Tennis spielen　　telefonieren　　parken　　ein Bier trinken

Disc1
ナチュラル
041
ゆっくり
042

**Übung 8** Hören Sie. 聖子の滞在先では2つの決まりがあるようです。どのような決まりなのか聴き取って，印をつけてください。

Ich muss　　☐ mein Zimmer selber putzen.

☐ meine Wäsche selber waschen.

☐ mein Frühstück selber machen.

und ich darf　　☐ nur bis 10 Uhr ausgehen.

☐ nur bis 10 Uhr duschen.

☐ nur bis 10 Uhr fernsehen.

# BAUSTEINE

## 1. 話法の助動詞

müssen, wollen, dürfen, können, sollen, möchte(n) は，話法の助動詞と呼ばれ，動詞（不定詞）とともに用いると，動詞の意味にいろいろな意味合いをつけ加えることができる。

① 話法の助動詞は，主語の人称に合わせて変化する

② 動詞の不定詞は文末に置かれて枠構造を作る

英語の助動詞とは異なる文の構造を作るので注意しよう。

Englisch:　　I **must** present a paper.

Deutsch:　　Ich **muss** ein Referat halten.

　　　　　　　　　↓　　　　　　　　　　↓

　　　　　話法の助動詞　　　　　不定詞

**Willst** du nicht eine Pause machen?

Carmen und ich **möchten** ein Eis essen gehen.

Was **musst** du heute machen?

## 2. 話法の助動詞の現在人称変化

| | | **müssen**<br>〜しなければ<br>ならない | **wollen**<br>〜するつもりだ<br>（主語の意志） | **dürfen**<br>〜してよい | **können**<br>〜できる | **sollen**<br>〜すべき | **möchte(n)**<br>〜したいと思う<br>（主語の願望） |
|---|---|---|---|---|---|---|---|
| 単数 （Singular） | | | | | | | |
| 1人称 | ich | **muss** | **will** | **darf** | **kann** | **soll** | **möchte** |
| 2人称　親称 | du | **musst** | **willst** | **darfst** | **kannst** | **sollst** | **möchtest** |
| 　　　　敬称 | Sie | müssen | wollen | dürfen | können | sollen | möchten |
| 3人称 | er/sie/es | **muss** | **will** | **darf** | **kann** | **soll** | **möchte** |
| 複数 （Plural） | | | | | | | |
| 1人称 | wir | müssen | wollen | dürfen | können | sollen | möchten |
| 2人称　親称 | ihr | müsst | wollt | dürft | könnt | sollt | möchtet |
| 　　　　敬称 | Sie | müssen | wollen | dürfen | können | sollen | möchten |
| 3人称 | sie | müssen | wollen | dürfen | können | sollen | möchten |

# Seikos Wochenplan 聖子の一週間

| Termine | Notizen |
|---|---|
| **12** Montag | |
| 9.00-12.00 | Deutsch lernen |
| 15.00 | ins Kino gehen |

| Termine | Notizen |
|---|---|
| **13** Dienstag | |
| 9.00-12.00 | Deutsch lernen |
| nachmittags: | Hausaufgaben machen |

| Termine | Notizen |
|---|---|
| **14** Mittwoch | |
| | einkaufen gehen (Badeanzug kaufen) |

| Termine | Notizen |
|---|---|
| **15** Donnerstag | |
| 9.00-12.00 | Deutsch lernen |
| nachmittags: | Hausaufgaben machen |
| 20.00 | ins Orgelkonzert (im Dom) gehen |

| Termine | Notizen |
|---|---|
| **16** Freitag | |
| 9.00-12.00 | Deutsch lernen |
| nachmittags: | Wäsche waschen |

| Termine | Notizen |
|---|---|
| **17** Samstag | |
| | Zimmer putzen |
| **18** Sonntag | |

| Was | muss | Seiko | am Montag | machen? |
| | möchte | | am Dienstag | |

Disc1
ナチュラル
**043**
ゆっくり
**044**

**Teil 1** Julia spricht Seiko in der Pause an. クラスメートのユーリアが休み時間に聖子に話しかけます。

Julia                                              Seiko

Du Seiko, was hast du am Wochenende vor?

Ich habe noch keine Idee.

Wollen wir schwimmen gehen?

Ja, gern! Ich komme mit.
Aber ich habe keinen Badeanzug.
Ich muss erst einen Badeanzug kaufen.

vor|haben 〜を計画している    am Wochenende 週末に
noch まだ    keine Idee haben 考えがない
Wollen wir ...? 〜しませんか？
schwimmen gehen 泳ぎに行く（schwimmen 泳ぐ    gehen 行く）
mit|kommen 一緒に来る    r Badeanzug 水着

> mit|kommen
> Ich komme mit.
> Kommst du mit?
> Du kannst mitkommen.

**Übung 1** Machen Sie Interviews in der Klasse. クラスメートに月曜日，火曜日などの午前，午後，晩，週末にはどんな予定があるのかインタビューしてみましょう。

| Was hast du am | Montagvormittag | vor? |
| | Dienstagnachmittag | |
| | Mittwochabend | |
| | Wochenende | |

ins Kino gehen    映画を見に行く
↓
Ich gehe ins Kino.

| | |
|---|---|
| ins Theater gehen 劇を見に行く | zu Hause bleiben 家で過ごす |
| ins Konzert gehen コンサートに行く | Freunde treffen 友達に会う |
| ins Museum gehen 博物館に行く | einen Ausflug machen 日帰り旅行をする |
| ein|kaufen gehen 買い物に行く | fern|sehen テレビを見る |
| auf|räumen 片づける | jobben アルバイトをする |

**Übung 2** Ihr Wochenplan. 33 ページを参照し，自分の一週間の予定を書き込んでください。
その計画について話してみましょう。

Am Montag gehe ich ins Kino. Am Mittwochabend muss ich jobben.

| Termine | Notizen |
| --- | --- |
| Montag | |

| Termine | Notizen |
| --- | --- |
| Donnerstag | |

| Termine | Notizen |
| --- | --- |
| Dienstag | |

| Termine | Notizen |
| --- | --- |
| Freitag | |

| Termine | Notizen |
| --- | --- |
| Mittwoch | |

| Termine | Notizen |
| --- | --- |
| Samstag | |

Sonntag

Disc1
ナチュラル
045
ゆっくり
046

**Übung 3** Hören Sie. ユーリアとアランはそれぞれ週末に何をすると答えていますか？ 会話を聴いて，正しい答えに印をつけてください。

Du Julia, was hast du am Wochenende vor?

1) ☐ Ich bleibe zu Hause.
   ☐ Ich habe noch keine Idee.
   ☐ Ich gehe schwimmen.

Und du, Alain?

2) ☐ Ich gehe ins Kino.
   ☐ Ich gehe ins Museum.
   ☐ Ich gehe ins Konzert.

**Teil 2** Im Schwimmbad. 聖子は買ったばかりの水着を着ています。

Seiko                              Julia

Wie findest du den Badeanzug?

Ich finde ihn schön!
Und wie findest du den Bikini?

Hmm ... er ist nicht so schön.

Du bist gemein!

Wie findest du ...? 〜をどう思う？  **gemein** いじわるな

| | | |
|---|---|---|
| **Der** Badeanzug ist ........ | Er ist ....... | Ich finde **ihn** .......... |
| **Die** Musik ist ............... | Sie ist ....... | Ich finde **sie** .......... |
| **Das** Radio ist ............... | Es ist ....... | Ich finde **es** ........... |

---

**Übung 4** Schreiben Sie die Dialoge weiter.  ① finden を適切な形にして，（    ）に入れて
ください。②与えられた形容詞を下線部に入れて答えましょう。

1) Seiko und Julia sind im Kino.

    Seiko: Wie （          ） du den Film?

    Julia:  Er ist ................................. .

2) Oliver und Seiko sind im Konzert.

    Oliver: Wie （          ） du die Musik?

    Seiko: ............................... ist ............................... .

3) Julia und Alain wollen ein Handy kaufen.

    Alain: Wie （          ） du das Handy?

    Julia: ............................... ist ............................... .

4) Alain möchte einen Kopfhörer kaufen.

    Seiko: Wie （          ） du den Kopfhörer?

    Alain: .................................................................. .

| | |
|---|---|
| **interessant** | 面白い |
| **langweilig** | つまらない |
| **originell** | 風変わりな |
| **toll** | すごい |
| **schrecklich** | ひどい |
| **schön** | 美しい, 素敵な |
| **hässlich** | みにくい |
| **praktisch** | 便利な |
| **unpraktisch** | 不便な |

**Übung 5** Sprechen Sie in der Klasse über Ihre Sachen.　クラスメートに自分の持ちもの（着ているもの）を見せて，それをどう思うか尋ねてみましょう。また，尋ねられた人はÜbung 4 の形容詞を参考に意見を言ってください。

Wie findest du | den ...............? | Ich finde | ihn ...............
| die ...............? | | sie ...............
| das ...............? | | es ...............

r Kugelschreiber ボールペン　s Mäppchen ペンケース　e Tasche かばん
s Portemonnaie さいふ　s Heft ノート　s Smartphone スマホ　e Armbanduhr 腕時計

r Rock スカート　s Kleid ワンピース　e Hose ズボン　s T-Shirt Tシャツ
e Jacke ジャケット　r Pullover セーター　s Hemd シャツ　e Bluse ブラウス

**Übung 6** Ergänzen Sie die Pronomen.　人称代名詞を適切な形にして，下線部に入れてください。

Schau mal, das Mäppchen! Wie findest du ____es____?

1) Schau mal, die Tasche! Wie findest du ...............?
2) Schau mal, der Kugelschreiber! Wie findest du ...............?
3) Schau mal, der Bikini! Wie findest du ...............?
4) Schau mal, das Portemonnaie! Wie findest du ...............?
5) Schau mal, das Smartphone! Wie findest du ...............?
6) Schau mal, das ist doch Masaharu Fukuyama! Wie findest du ...............?
7) Und dort ist Haruka Ayase! Wie findest du ...............?

**Übung 7** Hören Sie.　会話を聴いて，下線部を埋めてください。

1) Julia hat eine neue ...............:
Alain findet sie ...............

2) Oliver hat einen ............... an.
Julia findet ihn ...............
Alain findet ihn ...............

## １．分離動詞

mitkommen, vorhaben, einkaufen, aufräumen, fernsehen などは分離動詞と呼ばれる。分離動詞は，分離前綴りと基礎動詞部分から成る。辞書などでは mit|kommen のように，前綴りと基礎動詞部分との間に縦線が入っていることもある。

**mit** kommen　　一緒に来る
　↓　　　　↓
分離前綴り　基礎動詞部分

分離動詞を用いる場合には次の点に注意する。

① 基礎動詞部分は人称変化する

② 分離前綴りは文末へ置かれ，枠構造を作る

Ich **komme** mit.　　　　　Ich **sehe** heute Abend fern.

**Kommst** du mit?　　　　**Siehst** du heute Abend fern?

Du kannst mit**kommen**.　　Du darfst heute Abend nicht fern**sehen**.

## ２．人称代名詞の格変化

人称代名詞は人を指すだけでなく，事物を指す場合にも使われる。また，文の中での機能に応じて形を変える。これを格変化と呼ぶ（２格と３格については 56 ページを参照）。

○ Wie findet ihr **den Badeanzug**?　　● **Er** ist schön.

● Ich finde **ihn** hässlich.

| | | 1格 | 4格 |
|---|---|---|---|
| 単数（Singular） | | | |
| 1人称 | | ich | mich |
| 2人称 | 親称 | du | dich |
| | 敬称 | Sie | Sie |
| 3人称 | 男性 | er | ihn |
| | 女性 | sie | sie |
| | 中性 | es | es |
| 複数（Plural） | | | |
| 1人称 | | wir | uns |
| 2人称 | 親称 | ihr | euch |
| | 敬称 | Sie | Sie |
| 3人称 | | sie | sie |

# Wo treffen wir uns?
どこで待ち合わせましょうか？

im Café

am Brunnen

am Kiosk

vor der U-Bahnstation

an der Bushaltestelle

vor dem Supermarkt

vor der Apotheke

vor dem Fischrestaurant

vor dem Kino

in der Mensa

**Teil 1** Alain und Seiko telefonieren. ドイツ語学校のクラスメート，アランが聖子に電話をかけています。

Disc1
ナチュラル
051
ゆっくり
052

Seiko　　　　　　　　　　　Alain

Hallo.

Tag, ich bin's, Alain.

Grüß dich.

Du Seiko, hast du am nächsten Sonntag Zeit?

O ja, was gibt's denn?

Wir wollen ein Picknick machen, im Stadtwald.
Hast du Lust mitzukommen?

Ja, natürlich. Und wo treffen wir uns?

Am Neumarkt.

Ich bin's (bin es). 私です（この場合 ich を強く発音）　　nächst 次の　　*r* Sonntag 日曜日　　*e* Zeit 時間
Was gibt's (gibt es)? 何があるのですか？　　*s* Picknick ピクニック
*r* Stadtwald （ケルン郊外にある）森林公園　　*e* Lust （〜する）気
Wo treffen wir uns? どこで会うのですか？　　*r* Neumarkt ノイマルクト（ケルンの中心街にある）

**Übung 1** Fragen Sie in der Klasse. 「〜する気はある？」とクラスメートに聞いてみましょう。また尋ねられた人は例にならって Ja か Nein で答えましょう。

schwimmen gehen

Hast du Lust, schwimmen zu gehen?

Ja, gern!

Nein, ich habe keine Lust.

1) einen Ausflug machen

2) ein Picknick machen

3) spazieren gehen　散歩する

4) ins Konzert gehen

5) in den Klub gehen

6) eine Radtour machen　自転車でツーリングをする

**Übung 2** Wo ist Robert? ローベルトを探しましょう！ それぞれの絵に合う前置詞を見つけて
（　　　）に入れ，次に例にならってローベルトがどこにいるか言ってください。

Wo ist Robert? Er ist ................. Häuschen.

Er ist ................. Sofa.

an ...

auf ...　unter ...

vor ...　hinter ...

in ...

1)

（　　　　　）

2)

（　　　　　）

3)

（　　　　　）

| vor | dem | Supermarkt |
| | der | Buchhandlung |
| | dem | Häuschen |

**im** (= in dem) Häuschen

**am** (=an dem) Häuschen

4)

（　　　　　）

5)

（　　　　　）

6)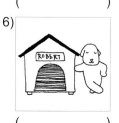

（　　　　　）

**Übung 3** Wo treffen wir uns? 待ち合わせはどこにしましょう？ 39 ページを参考にしながら，
友達と待ち合わせ場所の相談をしてください。

Wo treffen wir uns? Am Neumarkt.

Und wo am Neumarkt? Vor ............. Buchhandlung.

e Buchhandlung　s Blumengeschäft 花屋
r Handyshop　s Fischrestaurant
r Kiosk　e Bäckerei　e Bank　s Café

Disc1
ナチュラル
[053]
ゆっくり
[054]

**Übung 4** Hören Sie. オリヴァーが聖子に何か聞いています。ふたりの会話を聴き取って質問に
答えましょう。

1) Was machen Seiko und Oliver heute Abend?

2) Nadine kommt nicht. Warum nicht?

3) Wo trifft Oliver Seiko?

Was erfahren Sie noch? 他に何が聴き取れましたか？

**Teil 2** Alain und Seiko telefonieren. ふたりの電話はまだ続いています。

Seiko          Alain

Und um wie viel Uhr?

Um 10 Uhr.

Und was soll ich denn mitbringen?

Moment, ... Carmen bringt Wurst und Käse mit.
Julia will Brot und Kuchen mitbringen
und ich bringe Bier und Wein mit.

Dann kann ich Obstsalat machen.
Ich habe auch Reiskekse aus Japan.

Um wie viel Uhr? 何時に？　　um ... Uhr 〜時に
soll（< sollen）〜すべきである　mit|bringen 持ってくる
*e* Wurst ソーセージ　*r* Käse チーズ　*s* Brot パン　*r* Kuchen ケーキ
*s* Bier ビール　*r* Wein ワイン　*r* Obstsalat フルーツサラダ
Reiskekse *pl*（< *r* Reiskeks）ライスクラッカー, せんべい

**Übung 5** Machen Sie Dialoge. ピクニックに何を持っていくか，下の絵を見ながら話し合ってください。

Was bringst du mit?      Ich bringe .................... mit.

Äpfel　Bananen　Birnen　Orangen　Wurstbrote　Kekse　Bonbons　Eier

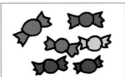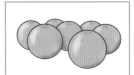
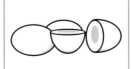

番外編 Ergänzen Sie. 単数形・複数形のペアを完成させましょう。

*r* Keks　/ Kekse　　　*e* Banane / ................　　*s* ................ / Wurstbrote
*r* ................ / Salate　　*e* Birne　/ ................　　*s* Ei　　　/ ................
*r* ................ / Säfte　　*e* Orange / ................　　*r/s* Bonbon / ................
*r* Apfel　/ ................

**Übung 6** Machen Sie Wörter.　コトバ作りゲームです。組み合わせをたくさん見つけたペアやグループが勝ち！

| Tomaten | Käse | Orangen | Wurst |
|---|---|---|---|
| Salat | Apfel | Brot | Obst |
| Kuchen | Saft | Kartoffel じゃがいも | |
| Schinken ハム | | | |

**Tomaten + Salat = Tomatensalat**

**Tomaten + ? = ?**

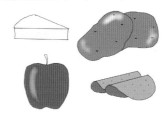

**Übung 7** Alain erzählt.　アランになったつもりで，下のメモを見ながら週末の予定を話してみてください。

_Samstag_
_　Nachmittag: Bier und Wein kaufen!_
_Sonntag_
_　Picknick im Stadtwald!_
_　10.00 am Neumarkt_
_　10.30 losfahren_
_　11.15(?) im Stadtwald ankommen_
_　12.00 zu Mittag essen, spazieren gehen,_
_　　　　Fußball spielen etc._

Am Samstagnachmittag kaufe ich
.................... und .................... .
Am Sonntag treffen wir uns um
.................... Uhr am Neumarkt.
Um 10 Uhr 30 .................... wir los.
Dann .................... wir etwa um 11 Uhr
15 ........................................... .
Um 12 Uhr .................... wir zu Mittag.
Nach dem Mittagessen ........................
........................................................ .

los|fahren 出発する　dann それから　an|kommen 到着する　zu Mittag essen 昼食を食べる　nach ～の後で

Disc1
ナチュラル
057
ゆっくり
058

**Übung 8** Hören Sie. Wer bringt was mit?　ピクニックには，他のクラスメートや先生も参加することになりました。誰が何を持ってくることになったのでしょうか？　会話を聴いて，人物と持ってくる物とを結びつけてください。

| Herr Grund | Monika | Jan | Sven |
|---|---|---|---|
|  |  |  |  |

|  |  |  |  |
|---|---|---|---|
| _r_ Fußball | _s_ Geschirr | _e_ Pizza | Kaffee und Tee |

## 1. zu 不定詞（句）の付加語的用法

zu 不定詞（句）は，不定詞の前に zu を置いて作る。分離動詞の場合は，分離前綴りと基礎動詞の間に zu を置く。英語の to 不定詞（句）に相当し，名詞を修飾する働きがある。

| 不定詞（句） | | zu 不定詞（句） | |
|---|---|---|---|
| ins Kino gehen | → | ins Kino **zu** gehen | Hast du Lust, ins Kino **zu** gehen? |
| mitkommen | → | mit**zu**kommen | Hast du Lust mit**zu**kommen? |
| schwimmen gehen | → | schwimmen **zu** gehen | Hast du Lust, schwimmen **zu** gehen? |

Lust と並んで Zeit もこの形式でよく用いられる。

　　　○ Hast du Zeit, ins Kino zu gehen?　　●Ja, klar! / Nein, ich habe leider keine Zeit.

## 2. 前置詞

前置詞の格支配

名詞の3・4格と結びつく前置詞は，3格支配で「場所」を表す。

　　　○ Wo treffen wir uns?　　● **Am** Kiosk.

　　　　　　　　　　　　　　● **Vor der** Buchhandlung.

　　　　　　　　　　　　　　● **Im** Café.

| vor ... | an … | hinter … | unter … |

冠詞の3格の形に関しては 26 ページを参照。

4格支配では「方向」を表す（26 ページ参照）。

　　　○ Wohin gehen Sie?　　● Ich gehe **in den** Supermarkt / **auf die** Post / **ins** Kino.

　　　(○ Wo sind Sie jetzt?　　● Ich bin **im** Supermarkt / **auf der** Post / **im** Kino. )

## 3. 名詞の複数形

名詞の複数形は，単数の形に一定の語尾をつけて作る。性の区別はなく，定冠詞は die となる。主なタイプをあげる。

| e 型 | Salat | − Salat**e** | Tisch | − Tisch**e** | Stuhl | − St**ü**hl**e** |
|---|---|---|---|---|---|---|
| (e)n 型 | Lampe | − Lampe**n** | Uhr | − Uhr**en** | Banane | − Banane**n** |
| er 型 | Ei | − Ei**er** | Kind | − Kind**er** | Buch | − B**ü**ch**er** |
| s 型 | Sofa | − Sofa**s** | Laptop | − Laptop**s** | Auto | − Auto**s** |
| 無語尾 | Kuchen | − Kuchen | Apfel | − **Ä**pfel | Bruder | − Br**ü**der |

# Was hast du getrunken?

何を飲んだの？

## Was passt zusammen?

Sie ha**t** chinesisch gegessen.

Sie ist se**h**r müde.

Sie hat **D**eutsch gelernt.

**S**ie ist in den Klub gegangen.

Sie hat M**u**sik gehört.

Sie hat **C**ola getrunken.

Sie hat mit der Oma t**e**lefoniert.

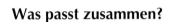

文中の文字を絵の番号にそって並べてみましょう。どんな言葉ができますか？

**Teil 1** Es ist 8 Uhr. Seiko liegt noch im Bett. いつも早起きの聖子が今日は8時になっても起きてきません。

Oliver　　　　　　　　　Seiko

Seiko, es ist schon 8 Uhr.
Gehst du nicht in die Schule?

Nein, ich habe Kopfschmerzen.

Was ist denn los? Hast du auch Fieber?

Nein, aber ich habe gestern zu viel getanzt und getrunken.

Ach ja? Hast du etwa einen Kater?

Vielleicht.

Was hast du denn getrunken?
Bier und Wein und Schnaps und Reiswein und ...

Nein, so viel nicht. Aber ich bin einfach müde.

Moment, ich mache dir einen Kaffee.

*e* Schule 学校　　Kopfschmerzen *pl* 頭痛　　Was ist denn los? いったいどうしたの？
*s* Fieber 熱　　zu viel 英語の*too much*に対応　　getanzt（< tanzen（踊る）の過去分詞）
getrunken（< trinken（飲む）の過去分詞）　　etwa（疑問文で用いて）ひょっとして
einen Kater haben 二日酔いをする　　*r* Schnaps シュナップス（蒸留酒の一種）
einfach 単に　　Moment! ちょっと待って　　dir 君に

> 現在完了形：**haben** + 過去分詞
> Ich ｜ **habe** ｜ gestern zu viel **getrunken** .
> Was ｜ **hast** ｜ du denn **getrunken** ?

**Übung 1** Was ist richtig? Was ist falsch? Verbessern Sie die falschen Sätze.　Dialog の
内容に合っている文には r (richtig)，合っていないものには f (falsch) をつけてください。
次に f をつけた文を正しく書き直してください。

☐ Seiko geht in die Schule.

☐ Seiko hat keinen Kater.

☐ Seiko hat kein Fieber.

☐ Seiko hat gestern Abend nicht getrunken.

**Übung 2** Finden Sie die Infinitive. Schreiben Sie die Bedeutung. 次の過去分詞を不定詞に直しましょう。またその意味も書き入れましょう。

| 過去分詞 | 不定詞 | 意味 |
|---|---|---|
| ge spielt | | |
| ge lernt | | |
| ge arbeit et | | |
| ge tanzt | | |
| ge hört | | |
| telefoniert | | |
| auf ge räum t | | |

| 過去分詞 | 不定詞 | 意味 |
|---|---|---|
| ge trunken | | |
| ge schrieb en | | |
| ge les en | | |
| ge gess en | | |
| ge seh en | | |
| fern ge seh en | | |

**Übung 3** Hören Sie. Was hat Oliver gestern Abend gemacht? オリヴァーは昨晩何をしましたか? 聴きとって当てはまるものすべてに印をつけてください。

Disc1
ナチュラル
061
ゆっくり
062

Und du Oliver, was hast du gestern Abend gemacht?

☐ Ich habe ferngesehen.
☐ Ich habe japanisch gegessen.
☐ Ich habe viel Bier getrunken.
☐ Ich habe mit meiner Freundin telefoniert.
☐ Ich habe gelesen.
☐ Ich habe Musik gehört.
☐ Ich habe Fußball gespielt.

**Übung 4** Machen Sie Interviews in der Klasse. 下線部に適当な語を入れて質問を作り、クラスメートに「昨日〜した?」とインタビューしてみましょう。

Hast du gestern ........................... gegessen?
Hast du gestern ........................... getrunken?
Hast du gestern im Fernsehen ........................... gesehen?

Ja, ich habe gestern Sushi gegessen.

Nein, ich habe gestern kein Bier getrunken.

Ja, ich habe gestern das Fußballspiel zwischen
Deutschland und England gesehen.

**Teil 2** Seiko erzählt. 聖子が昨晩のことを話します。

Oliver                                                    Seiko

> Wann bist du denn gestern zurückgekommen?

> Sehr spät. Nach der Party sind wir in die Stadt gegangen. Wir haben noch chinesisch gegessen und dann sind wir in den Jazzklub gegangen. Die Musiker haben toll gespielt. Danach sind wir in den Klub gegangen. Da habe ich zu lange getanzt.

wann いつ    zurückgekommen (< zurück|kommen(戻って来る)の過去分詞)

sehr とても    spät 遅い    in die Stadt 街へ    noch さらに

gegangen (< gehen(行く)の過去分詞)

chinesisch gegessen (< essenの過去分詞) 中華料理を食べる

r Jazzklub ジャズクラブ    Musiker pl (< r Musiker) ミュージシャン

toll とても素敵に    danach その後    da そこで

場所の移動や状態の変化を表す自動詞の現在完了形：sein + 過去分詞

Wir [sind] in einen Jazzklub **gegangen**.

Wann [bist] du **zurückgekommen**?

**Übung 5** Wohin ist Seiko gegangen? それぞれの絵について，「聖子は～へ行った」とドイツ語で言ってみましょう。

*Seiko ......... in den Klub ............*

1)

2)

3)

4)

**Übung 6** Was hat Seiko am Mittwoch / Donnerstag ... gemacht? 水曜日から日曜日まで聖
子はどんなことをして過ごしましたか？ 「何曜日には何をしたの？」とクラスメートに聞い
てみましょう。

| Mittwoch | Donnerstag | Freitag | Samstag | Sonntag |
|---|---|---|---|---|
| im Fernsehen ein Fußballspiel sehen | ins Orgelkonzert gehen | mit Julia griechisch essen | einkaufen, aufräumen | mit Frau Berger kochen |

Was hat Seiko am Mittwoch gemacht?

Am Mittwoch hat sie ............................... .

Und was hat Seiko am Donnerstag gemacht?

Am Donnerstag ist sie ............................... .

Disc1
ナチュラル
065
ゆっくり
066

**Übung 7** Hören Sie. Was hat Frau Berger gestern gemacht? ベルガー夫人は昨日どのよう
なことをしたと言っていますか？ 聴き取って文を完成させてください。

Gestern bin ich mit meinem ...............................
............................... ............................... . Wir haben den neuen
............................... von ............................... ............................... ............................... .
Danach ............................... ............................... ins ............................... ............................... .
Da ............................... ............................... ............................... ............................... .
Nach dem Essen ............................... in der Altstadt
spazieren ............................... .

nach ～の後で

**Übung 8** Was haben Sie am Wochenende gemacht? Erzählen Sie. あなたが週末をどの
ように過ごしたか，下の語句の現在完了形を使ってドイツ語で話してみましょう。

| | | |
|---|---|---|
| aus\|schlafen 十分に寝る | fern\|sehen テレビを見る | einen Film sehen 映画を見る |
| lesen 読書をする | Musik hören 音楽を聴く | ein\|kaufen 買い物をする |
| jobben アルバイトをする | Online-Spiele spielen オンラインゲームをする | |
| mit Freunden chatten 友達とチャットする | | |

Am Samstag habe ich ausgeschlafen.

Am Nachmittag bin ich ins Kino gegangen und habe einen Film gesehen.

Am Abend habe ich Musik gehört.

Am Sonntag ...

# BAUSTEINE

## 1．現在完了形

ドイツ語の口語では，過去の出来事を語るときには主として現在完了形が使われる。現在完了形は haben または sein と過去分詞を用いて作る。

現在完了形を用いる場合には次の点に注意する。

① haben または sein は，主語の人称に合わせて変化する

②過去分詞は文末に置かれて枠構造を作る

Ich  habe  gestern viel **getrunken**.　　　　Hast  du gestern viel **getrunken**?

Ich  bin  gestern ins Kino **gegangen**.　　　Bist  du gestern ins Kino **gegangen**?

以下のような動詞は sein を用いて現在完了形を作る。

① 場所の移動を表す自動詞：gehen, kommen, fahren など

② 状態の変化を表す自動詞：werden（〜になる），sterben（死ぬ）など

③ sein および bleiben などいくつかの例外的な動詞

## 2．過去分詞の作り方

1）規則的な変化をする動詞の過去分詞

語幹の前に **ge-** をつけ，語幹の後ろに **-t** をつける

mach en　→　**ge** mach **t**

2）不規則な変化をする動詞の過去分詞

不規則な変化をする動詞の過去分詞は，教科書や辞書の巻末などにある動詞の変化表を参照すること。

| 不定詞 | 過去分詞 | 不定詞 | 過去分詞 | 不定詞 | 過去分詞 |
|---|---|---|---|---|---|
| kommen | **ge**kommen | gehen | **gegangen** | sein | **gewesen** |
| fahren | **ge**fahren | essen | **geg**essen | haben | **ge**habt |
| lesen | **ge**lesen | schreiben | **ge**schr**ie**ben | aufstehen | auf**gestanden** |
| schlafen | **ge**schlafen | schwimmen | **ge**schw**o**mmen | mitbringen | mit**gebracht** |

3）-ieren で終わる外来語の動詞の過去分詞は，語幹に -t をつける。　　　ge-はつかないので注意！

studier en　→　studier **t**　　　telefonier en　→　telefonier **t**

4）前綴りを持つ動詞の過去分詞

　　a) 分離動詞の過去分詞は，基礎動詞の過去分詞の前に前綴りをつける。

mit kommen　→　mit **ge**kommen

　　b) be-, emp-, ent-, er-, ge-, ver-, zer-で始まる動詞（非分離動詞）の過去分詞にはge-はつけない。

besuchen　→　besuch **t**　　　　vergessen　→　vergessen

# Weihnachtszeit クリスマス

Disc1
067

**Z**u Weihnachten feiert man den Geburtstag des Christkindes.

**D**raußen ist es kalt und dunkel.

**D**rinnen ist es warm und die Kerzen am Weihnachtsbaum brennen hell.

**M**an trinkt Glühwein und isst Lebkuchen und Plätzchen.

*s* Christkind

Lebkuchen *pl*

*r* Glühwein

*r* Weihnachtsbaum

Plätzchen *pl*

**A**m 6. Dezember kommt der Nikolaus! Brave Kinder bekommen ein kleines Geschenk.
Unartige Kinder bekommen die Rute.

**A**m 24. Dezember ist Heiligabend.

**V**iele Leute gehen an Heiligabend in die Kirche. Danach feiert man unter dem Weihnachtsbaum.

**M**an schenkt anderen etwas und bekommt selbst Geschenke.

Geschenke *pl*

**Disc1**
ナチュラル
**068**
ゆっくり
**069**

**Teil 1** Seiko und Oliver sind auf dem Weihnachtsmarkt. 聖子とオリヴァーはクリスマス市で買い物をしています。

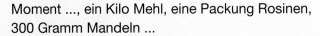
Oliver　　　　　　　　　　　　　　　Seiko

So, jetzt haben wir alles.
Adventskranz, Lametta und Kerzen.

Ich muss aber noch in den Supermarkt gehen.

Was brauchst du denn?

Moment ..., ein Kilo Mehl, eine Packung Rosinen, 300 Gramm Mandeln ...

Was machst du denn damit?

Ich will Weihnachtsplätzchen backen.

*r* Adventskranz アドヴェンツ・クランツ(待降節と呼ばれるクリスマス前4週間の
準備期間に飾るモミの小枝を編んで作るリース)
*s* Lametta ラメッタ(クリスマスツリー用の金銀色をしたテープ)
Kerzen *pl* (< *e* Kerze) ろうそく　　brauchst (< brauchen) 必要とする
*s* Kilo キロ(グラム)　　*s* Mehl 小麦粉　　*e* Packung パック
Rosinen *pl* (< *e* Rosine) 干しブドウ　　*s* Gramm グラム
Mandeln *pl* (< *e* Mandel) アーモンド　　damit それを用いて
Weihnachtsplätzchen *pl* クリスマスのクッキー　　backen 焼く

**Disc1**

**070**　**Fragen zum Dialog**

1) Was haben Oliver und Seiko gekauft?

2) Wohin muss Seiko noch gehen?

3) Was möchte Seiko noch kaufen? Was macht sie damit?

**Übung 1** Was gibt es im Supermarkt? 右にあげた食べ物や飲み物は，それぞれ何に入って売られているでしょうか？ 可能な組み合わせを考えてみましょう。

| | |
|---|---|
| eine Packung | Marmelade |
| eine Dose 缶 | Bier |
| eine Flasche びん | Bonbons |
| ein Glas ガラス容器 | Thunfisch |
| eine Tüte 袋 | Milch |

**Übung 2** Machen Sie Dialoge. Was brauchen Sie? 下線部を与えられた語に変えて，例に
ならって会話をしてみましょう。それぞれの物がどのような包装で売られているかにも注
意してください。

> Wohin musst du denn noch gehen?

> In den Supermarkt. Ich brauche eine Packung Rosinen.

1) r Wein　　2) Nüsse pl　　3) e Milch　　4) Äpfel pl

5) Kerzen pl　　6) s Glühweingewürz　　7) r Honig　　8) Tomaten pl

**Übung 3** Hören Sie. Was ist Glühwein? クリスマス市に欠かせない飲み物が Glühwein です。
寒い季節に好んで飲まれるこの飲み物は，どのようなものでしょうか？

Disc1
ナチュラル
071
ゆっくり
072

> Glühwein? Was ist denn das?

Hier, ich gebe dir ein einfaches Rezept.
1) Das ist süßer, heißer
　　☐ Reiswein
　　☐ Apfelwein
　　☐ Rotwein
2) mit ☐ Zitronensaft
　　☐ Orangensaft
　　☐ Tomatensaft
und verschiedenen Gewürzen.

einfach 簡単な　s Rezept レシピ　süß 甘い　heiß 熱い
verschieden 様々な　Gewürze pl ( < s Gewürz) 香辛料

Disc1
ナチュラル
073
ゆっくり
074

**Teil 2** Was schenkt Oliver seiner Familie zu Weihnachten? オリヴァーが家族に贈るクリスマスプレゼントは何でしょうか？

Seiko                              Oliver

Was schenkst du deiner Familie?

Ich schenke meiner Mutter ein Parfüm
und meinem Vater eine Krawatte.
Aber das darfst du ihnen nicht verraten, okay?

Ja, Ehrenwort!

Und was schenkst du deiner Familie?

Wir feiern in Japan nicht so richtig Weihnachten.
Aber ich will meinen Eltern Lebkuchen schicken.

*s* Parfüm 香水　　*e* Krawatte ネクタイ
j³ et⁴ verraten 人³に事⁴をこっそり教える
okay オーケー
*s* Ehrenwort 誓約（Ehrenwort! 誓ってその通りです）
feiern 祝う　　richtig 正式に
*r* Lebkuchen レープクーヘン（スパイスやドライフルーツ，
蜂蜜などを入れて焼いたやわらかいクッキーのような菓子。
特にクリスマスに食べる）　　schicken 送る

Disc1
075 **Fragen zum Dialog**

1) Was schenkt Oliver seiner Mutter?

2) Was schenkt Oliver seinem Vater?

3) Was schenkt Seiko ihren Eltern?

4) Feiern Sie Weihnachten? Wie feiern Sie Weihnachten?

> schenken や geben は 3 格と 4 格の目的語を同時にとることができる。
>
> Ich schenke **meiner Mutter** ein Parfüm.　　　　人称代名詞の 3 格については 56 ページを参照
>
> Ich schenke **meinem Vater** eine Krawatte.
>
> Ich schenke **meinen Eltern** Lebkuchen.

**Übung 4** Machen Sie Interviews in der Klasse. もしクリスマスにプレゼントをするなら何を贈るのか, クラスメートにインタビューしてください。その結果を下の表に記入してみましょう。

> Was schenkst du deiner Mutter?

> Ich schenke ihr ein Parfüm.

> Und was schenkst du deinem Vater?

> Ich schenke ihm eine Krawatte.

*e* CD

*r* Schal

*s* Buch

*r* Teddybär

*s* Tuch

*e* Tasche

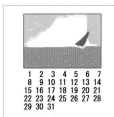

*r* Kalender

*e* Armbanduhr

| Name | Mutter / Vater | Oma / Opa | Schwester / Bruder | Freundin / Freund |
|---|---|---|---|---|
|  |  |  |  |  |
|  |  |  |  |  |

Oma=Großmutter    Opa=Großvater

Disc1
ナチュラル
076
ゆっくり
077

**Übung 5** Hören Sie. Was schenken Alain / Julia / Monika? Alain, Julia そして Monika はそれぞれボーイフレンドやガールフレンドに何を贈ると言っていますか？ 人物と物を結びつけてください。

> Was schenkst du deiner Freundin / deinem Freund?

Alain

Julia

Monika

ein Kochbuch

eine Handtasche

einen Pyjama パジャマ

# BAUSTEINE

## 1．3格と4格の目的語

schenken や geben は3格と4格の目的語を同時にとることができる。3格は「～に」（間接目的語）を，4格は「～を」（直接目的語）を表す。

> Ich gebe **meiner Mutter** ein Parfüm.
> Ich gebe **meinem Vater** eine Krawatte.
> Ich gebe **meinen Eltern** einen Kalender.

## 2．人称代名詞の格変化

人称代名詞は，それが文の中でどのような機能を果たすかによって形を変える。1格はそれが主語であるとき（～は・が）に用いられる。3格は間接目的語（～に），4格は直接目的語（～を）を表す。2格は前置詞，形容詞，動詞の補足語としてまれに用いられる。

> ○ Was schenkst du **deiner Freundin**?    ● Ich schenke **ihr** ein Parfüm.
> ○ Was schenkt er **seinem Bruder**?    ● Er schenkt **ihm** ein Buch.
> ○ Was schenkt sie **ihren Eltern**?    ● Sie schenkt **ihnen** Lebkuchen.

|  |  | 1格 | 2格 | 3格 | 4格 |
|---|---|---|---|---|---|
| 単数（Singular） |  |  |  |  |  |
| 1人称 |  | **ich** | meiner | **mir** | mich |
| 2人称 | 親称 | **du** | deiner | **dir** | dich |
|  | 敬称 | **Sie** | Ihrer | **Ihnen** | Sie |
| 3人称 | 男性 | **er** | seiner | **ihm** | ihn |
|  | 女性 | **sie** | ihrer | **ihr** | sie |
|  | 中性 | **es** | seiner | **ihm** | es |
| 複数（Plural） |  |  |  |  |  |
| 1人称 |  | **wir** | unser | **uns** | uns |
| 2人称 | 親称 | **ihr** | euer | **euch** | euch |
|  | 敬称 | **Sie** | Ihrer | **Ihnen** | Sie |
| 3人称 |  | **sie** | ihrer | **ihnen** | sie |

## 3．所有冠詞とその変化

mein（私の），dein（君の），sein（彼の），ihr（彼女の），unser（私たちの），euer（君たちの），ihr（彼らの／彼女らの／それらの），Ihr（あなたの／あなたたちの）は所有冠詞と呼ばれる。所有冠詞はそれがつく名詞の性・数・格に従って変化する。ここでは mein を例にとるが，他の所有冠詞も同様に変化する。

|  | 男性名詞 | 中性名詞 | 女性名詞 | 複数 |
|---|---|---|---|---|
| 1格（～は） | mein　　Vater | mein　　Kind | mein**e**　Mutter | mein**e**　Kinder |
| 2格（～の） | mein**es**　Vater**s** | mein**es**　Kind**es** | mein**er**　Mutter | mein**er**　Kinder |
| 3格（～に） | mein**em**　Vater | mein**em**　Kind | mein**er**　Mutter | mein**en**　Kinder**n** |
| 4格（～を） | mein**en**　Vater | mein　　Kind | mein**e**　Mutter | mein**e**　Kinder |

# Silvesterabend 大晦日の晩

Disc1

078

Am Silvesterabend feiern viele Leute zu Hause, zusammen mit der Familie und mit Freunden. Sie machen Spiele, gießen Wachs, essen Fondue oder Raclette und sehen Silvesterprogramme im Fernsehen.

Andere Leute gehen aus. Sie feiern mit Freunden in einer Kneipe, gehen ins Konzert oder gehen auf eine Silvesterparty. Open-Air-Veranstaltungen im Stadtzentrum sind auch sehr populär.

Um Mitternacht trinken die Leute Sekt und wünschen sich ein gutes neues Jahr. Man schenkt sich Glücksbringer.
Dann geht man auf die Straße und macht ein Feuerwerk.

Manche Leute machen auch einen Kurztrip und feiern Silvester in einer anderen Stadt.

s Raclette

Glücksbringer *pl*

Wachs gießen ロウをたらす（占いの一種）　s Fondue フォンデュ　s Raclette ラクレット
andere Leute 他の人々　e Kneipe 飲み屋　Veranstaltungen *pl* (< e Veranstaltung) 催し物, イベント
s Stadtzentrum 町の中心　r Sekt スパークリングワイン　j$^3$ et$^4$ wünschen 人$^3$に事物$^4$を（であれと）願う
（ここでは相互的な用法「互いに良い年となるように願う」）　e Silvesterparty 大晦日のパーティー
e Straße 通り　manche Leute 一部の人々　r Kurztrip 小旅行　in einer anderen Stadt 別の町で

**Disc1**
ナチュラル
**079**
ゆっくり
**080**

**Teil 1** Am Silvesterabend sind Seiko und Oliver am Rhein.  大晦日の真夜中，聖子はオリヴァーとライン河沿いにやって来ました。

Seiko                    Oliver

Guck mal, so viele Leute auf der Brücke!

Da kann man das Feuerwerk am besten sehen.

Feuerwerk?

Ja, um Mitternacht macht man ein Feuerwerk. Und oft wird auch eine Flasche Sekt oder Champagner aufgemacht.

Aha. Jetzt geht's los!
Prost Neujahr!

Prost Neujahr, Seiko!

Guck mal!（duで話をする相手に向かって）ほら見て！
Leute *pl* 人々　　*e* Brücke 橋　　*s* Feuerwerk 花火
am besten いちばんよく　　*e* Mitternacht　真夜中
wird (< werden) ～される（助動詞として，動詞の過去分詞と共に受動態を作る）
aufgemacht (<auf｜machen) 開ける，開く　　*r* Champagner シャンパン
los｜gehen 始まる　　Prost Neujahr! 新年に乾杯！

**Übung 1** Was macht man in Japan an Silvester? Was passt zusammen?  日本では大晦日に何をしますか？　下のドイツ語と日本語を結びつけてください。

| | |
|---|---|
| ein｜kaufen gehen | パーティーをする |
| die Neujahrsgerichte kochen | 住まいを片づける |
| die Wohnung auf｜räumen | 友達と外出する |
| mit Freunden aus｜gehen | テレビで大晦日の番組を見る |
| eine Party geben | 買い物に行く |
| Silvesterprogramme im Fernsehen sehen | おせち料理を作る |

*58*   |   achtundfünfzig

**Übung 2**  Hören Sie. Seiko fragt Oliver. 聖子がオリヴァーに質問しています。

① 会話を聴いて，正しいものに印をつけてください。

② 下線部に入る単語を聴き取って，オリヴァーの答えを完成させてください。

Was machst du gewöhnlich am Silvesterabend?

1) Früher ........................ ............................
   ☐ in der Familie Spiele gemacht.
   ☐ immer zu Hause Wachs gegossen.
   ☐ Fondue gegessen.

2) In den letzten Jahren ........................ ............................
   ☐ öfter mit Freunden ausgegangen.
   ☐ gern ins Silvesterkonzert gegangen.
   ☐ gern auf die Silvesterparty gegangen.

gewöhnlich 通常    früher 以前は    Spiele pl (< s Spiel) ゲーム    gegossen (< gießen) 注ぐ
gebacken (< backen) 焼く    in den letzten Jahren 最近何年かは    öfter たびたび
ausgegangen (< aus|gehen) 外出する

**Übung 3**  Was machen Sie an Silvester?  Übung 1で確認した表現を使って答えてください。
クラスメートやグループでインタビューをしましょう。

①  Was hast du früher an Silvester gemacht?

Früher habe/bin ich ........................ ........................................................
Und du? Was hast du gemacht?

②  Was willst du dieses Jahr an Silvester machen?

Dieses Jahr will ich ........................ ........................................................
Und du?

**Teil 2** Oliver möchte etwas über das Neujahrsfest in Japan wissen. オリヴァーが聖子に日本での新年の祝い方を尋ねています。

Oliver                                Seiko

> Wie feiert man eigentlich Neujahr in Japan?

> Neujahr in Japan ist so etwas wie Weihnachten in Deutschland. Das Neujahrsfest fängt mit einem feierlichen Frühstück an. Da werden Mochi gegessen.

> Mochi? Was ist denn das?

> Das ist eine Art Reisklöße.

> Wird auch Sake getrunken?

> Ja. Noch vor dem Frühstück trinkt man einen Schluck. Das ist ein Ritual.

eigentlich 本来は　　so etwas wie ... ～のようなもの
mit et³ an|fangen　　事³・物³で始まる
s Neujahrsfest 正月のお祝い　　feierlich 改まった　　s Frühstück 朝食
e Art　種類（eine Art ... ～のようなもの）
Reisklöße pl (< r Reiskloß) 米の団子
r Schluck ひとくちの飲み物　　s Ritual 儀式

**Übung 4** Oliver fragt: Wie verbringt man bei euch Silvester und Neujahr? 「日本では大晦日と新年はどんな風に過ごすの?」とオリヴァーが尋ねています。（　　）内の動詞を使って，答えの文を完成させてください。

Im Dezember __schreibt__ man Neujahrskarten. (schreiben)

1) Am Jahresende _____ man die Wohnung. (putzen)

2) Dann _____ man die Neujahrsgerichte. (kochen)

3) Dann, am Silvesterabend _____ man _____. (fernsehen)

4) Am Neujahrstag _____ man Reisklöße. (essen)

5) An diesem Tag _____ man auch noch vor dem Frühstück Reiswein. (trinken)

putzen 掃除する

**Übung 5** Wie werden in Japan Silvester und Neujahr gefeiert? 日本では，大晦日と新年をどのように祝いますか？ 受動態で答えてください（62 ページ参照）。

> 受動態：助動詞 werden ＋過去分詞
> ① werden は主語に応じて人称変化する
> ② 過去分詞は文末に置く

Im Dezember werden Neujahrskarten ........*geschrieben*........ . (schreiben)

1) Am Jahresende wird die Wohnung ................................. . (putzen)

2) Dann ...................... die Neujahrsgerichte .........................(kochen)

3) Am Silvesterabend ........................... ........................... . (fernsehen)

4) Am Neujahrstag ...................... Reisklöße ..................... . (essen)

5) An diesem Tag ...................... auch noch vor dem Frühstück Reiswein ...................... . (trinken)

Disc1
ナチュラル
085
ゆっくり
086

**Übung 6** Hören Sie. Wie verbringen Seiko und ihre Familie den Neujahrstag? 聖子と家族の元日の過ごし方で，当てはまるものに印をつけてください。

Und was macht ihr denn am Neujahrstag?

Prost Neujahr

Robert

1) Am Vormittag
   □ schreiben wir Neujahrskarten.
   □ gehen wir in einen Schrein oder in einen Tempel.
   □ machen wir Spiele.

*r* Schrein 神社   *r* Tempel 寺

2) Am Nachmittag
   □ besuchen wir dann die Großeltern.
   □ besuchen wir dann Freunde.
   □ gehen wir dann in die Stadt.

**Übung 7** Erzählen Sie. この課で出てきた表現や，下の表現を使い，質問に答えてください。

Was machen Sie gewöhnlich am Jahresende und am Neujahrstag?

Was haben Sie früher gemacht?

| | |
|---|---|
| Buchweizennudeln essen そばを食べる | frische Blumen kaufen 生花を買う |
| Großeinkauf machen 買い出しに行く | Hausputz machen 大掃除をする |
| Fenster putzen 窓拭きをする | Neujahrsgeld bekommen お年玉をもらう |

## 1．受動態の形：**werden ＋過去分詞** （過去分詞については 50 ページ参照）

文中では，werden は 2 番目に，過去分詞は文末に置き枠構造を作る。

また werden は主語に応じて人称変化する。

> Reisklöße **werden** oft mit „Kinako" **gegessen**.
>
> > おもちはよくきなこをつけて食べられます。
>
> Am Neujahrstag **wird** vor dem Frühstück Reiswein **getrunken**.
>
> > 元日には，朝食前にお酒が飲まれます。

| werden の現在人称変化 | | | |
|---|---|---|---|
| | 単数 （Singular） | | 複数 （Plural） |
| 1人称 | ich　werde | | wir　werden |
| 2人称　親称 | du　wirst | | ihr　werdet |
| 　　　　敬称 | Sie　werden | | Sie　werden |
| 3人称 | er/sie/es　wird | | sie　werden |

## 2．能動態と受動態

《他動詞の場合》能動態での 4 格目的語が，受動態での主語となる

能動態：Am Jahresende putzt man die Wohnung.

> 年末には住まいを掃除します。

受動態：Am Jahresende **wird** die Wohnung **geputzt**.

> 年末には住まいが掃除されます。

《自動詞の場合》能動態に 4 格目的語がないので，受動態では便宜上 es を主語とする。ただし文頭以外ではこの es は省略される

能動態：Man isst am Neujahrstag sehr viel.

> 元日にはとてもたくさん食べます。

受動態：Es **wird** am Neujahrstag sehr viel **gegessen**.
　　　　Am Neujahrstag **wird** sehr viel **gegessen**.

> 元日にはとてもたくさん食べられます。

能動態：Man sieht am Silvesterabend viel fern.

> 大晦日にはとてもたくさんテレビを見ます。

受動態：Es **wird** am Silvesterabend viel **ferngesehen**.
　　　　Am Silvesterabend **wird** viel **ferngesehen**.

> 大晦日にはとてもたくさんテレビが見られます。

# Hast du schon alles? 全部持った？

## Was kann man im Urlaub machen?

an den Bodensee
in die Stadt
ans Meer        fahren
in die Berge

nach  Italien
      Berlin   reisen

eine Radtour
Schiffstour   machen
Skiurlaub

Ski fahren
wandern
Rad fahren
am Strand spazieren gehen
schwimmen
windsurfen
im Strandkorb sitzen
  und lesen

Disc1
087  Viele Deutsche fahren im Sommer gern ans Meer.
     Aber manche fahren in die Berge.
     Im Winter fährt man auch gern Ski. Besonders junge Leute.
     In den Alpen gibt es viele Skigebiete.

Disc1
ナチュラル

088
ゆっくり
089

**Teil 1** Bergers machen Urlaub.　ベルガーさん一家が休暇に出かけます。

Frau Berger　　　　　　　　　　Oliver

Hast du schon alles? Das letzte Mal hast du doch deine Skibrille vergessen.

Keine Sorge! Ich habe alles eingepackt.

Schade, dass Seiko nicht mitfährt.

Ja, aber sie hat nächste Woche eine Prüfung.

Ich weiß, da muss sie jetzt fleißig lernen.

Disc1

090

**Fragen zum Dialog**

1) Was machen Bergers im Winterurlaub?
2) Fährt Seiko auch mit?
3) Warum (nicht)?

das letzte Mal 前回は　*e* Skibrille スキーゴーグル
vergessen (< vergessen) 忘れる　Keine Sorge! 心配しないで！
eingepackt (< ein|packen)（スーツケースなどに）つめる
mit|fahren （旅行に）同行する　nächste Woche 来週
*e* Prüfung 試験　fleißig 熱心に

**Übung 1**　Sie machen Winterurlaub. Was nehmen Sie mit?　冬休みに旅行をします。あなた
は何を持って出かけますか？

Was nehmen Sie mit?

| Ich nehme | einen | .................... | mit. |
| | eine | .................... | |
| | ein | .................... | |
| | | .................... | |

Skischuhe *pl* スキー靴　　Fahrkarten *pl* 切符　　Skisocken *pl* スキーソックス
*e* Skihose スキーパンツ　*r* Sonnenschutz 日焼け止め　*e* Mütze 帽子
*e* Skibrille スキーゴーグル　*r* Koffer スーツケース　*r* Reiseführer ガイドブック
*s* Buch 本　　　　　　　*r* Rucksack リュックサック　*s* Smartphone スマートフォン

**Übung 2** Wie findet Oliver das? Findet er das schön oder schade? オリヴァーのつもりで
次の事柄をどう思うか , 例にならって意見を言ってください。

Seiko fährt nicht mit.  →  Schade, dass Seiko nicht mitfährt.

Seiko fährt mit.  →  Schön, dass Seiko mitfährt.

1) Das Wetter ist gut.
2) Vater kann nicht Ski fahren.
3) Es gibt viel Schnee.
4) Nadine* kann nicht mitfahren.
5) Robert muss zu Haus bleiben.

Seiko kommt nicht.
主語　定形
Schade, **dass** Seiko nicht kommt.
　　　　　主語　　　　　定形
副文では定形後置

*NadineについてはLektion 2(19ページ)参照
*s* Wetter 天気　　*r* Schnee 雪

Disc1
ナチュラル
091
ゆっくり
092

**Übung 3** Hören Sie. Was haben Frau Berger und Oliver schon gemacht? ベルガー夫人
とオリヴァーの会話を聴いて , 旅行に出かける準備のうち , もう済ませたことに印をつけ
てください。

☐ die Skihose einpacken　　☐ Futter für Robert kaufen　　☐ Sonnenschutz kaufen

☐ Mineralwasser kaufen　　☐ das Auto checken　　☐ eine Navi-App downloaden

☐ Oma anrufen

**Disc1**
ナチュラル
**093**
ゆっくり
**094**

**Teil 2** Seiko ruft im Berghotel „Alpenhof" an. Sie möchte mit Frau Berger sprechen.　ベルガーさんに用がある聖子は，山のホテルに電話をします。

Seiko　　　　　　　　　　　　Rezeptionist

Hallo. Ist dort das Berghotel „Alpenhof"?　　　Ja, wie kann ich Ihnen helfen?

Kann ich Frau Berger sprechen?

Ja, wie ist denn Ihr Name?

Seiko Ogawa.

Einen Moment, bitte ... Tut mir leid,
Frau Berger ist nicht im Haus.

Wissen Sie, wann Frau Berger zurückkommt?

Frau Berger ist sicher wieder zum
Abendessen zurück, so gegen 19 Uhr.

Danke. Wiederhören.

Gern geschehen. Auf Wiederhören.

Wie kann ich Ihnen helfen? どのようなご用件でしょうか？
Frau (Herrn) ... sprechen ～さんと話す　Tut mir leid. 申し訳ありません
nicht im Haus sein 外出している　zurück|kommen 戻ってくる　sicher きっと　gegen ～時ころ
Auf Wiederhören. (電話やラジオで)さようなら　Gern geschehen. どういたしまして

**Übung 4** Was wissen Sie über Seiko? Bilden Sie zuerst indirekte Fragen. Fragen Sie
dann in der Klasse.　聖子について, あなたはいくつ答えられますか？　例にならって,
質問をまず間接疑問文に書き換えましょう。次に互いに質問し合ってください。

Woher kommt Seiko?　→　Wissen Sie, woher Seiko kommt?

Wissen Sie, woher Seiko kommt?　　　Ja, sie kommt aus ...................... .

Nein, das weiß ich leider nicht.

1) Was macht sie in Köln?
2) Wie lange bleibt sie in Köln?
3) Was studiert sie an der Uni?
4) Was macht sie gern?

直接疑問文： **Woher** | kommt | Seiko ?
　　　　　　　　　　定形　　主語
Wissen Sie, **woher** Seiko | kommt |?
　　　　　　　　主語　　定形

間接疑問文では定形後置

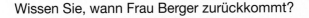

**Übung 5** Die Nachbarin von Bergers hat Fragen. Was fragt sie - bilden Sie indirekte Fragen. Machen Sie dann Minidialoge.　ベルガー家の隣の住人が来て質問します。例にならって「（もしご存知でしたら）教えてもらえませんか？」と丁寧に尋ねてください。次にメモを見ながらそれに答えましょう。

Wohin sind sie gefahren? →　　Können Sie mir sagen, wohin sie gefahren sind?

1) Wie heißt das Hotel?
2) Wie ist die Telefonnummer von dem Hotel?
3) Wie lange bleiben sie dort?
4) Wann genau kommen sie zurück?
5) Ist Nadine auch mitgefahren?
6) Haben sie Robert mitgenommen?

Berghotel Alpenhof
(Oberndorf/Tirol/ Österreich)
17. - 31. 1.
Tel. +43 - 5352 / 2928
E-Mail: oliverb@t-online.de

Ja / Nein で答える疑問文は、ob を使って間接疑問文を作る。

Ist Nadine mitgefahren?
定形　主語

Können Sie mir sagen, **ob** Nadine mitgefahren ist?
　　　　　　　　主語　　　　　　定形

**Übung 6** Hören Sie. Seiko ruft Julia an.　聖子が友人のユーリアに電話をします。聴き取って、次の質問に答えましょう。

Disc1 ナチュラル 095 ゆっくり 096

1) Wohin fährt Julia?

Nach ☐ Rom　☐ Mailand　☐ Florenz　☐ Venedig  zu ihrer Familie.

2) Warum fährt sie nach Italien?

☐ Ihre Schwester ｜ ☐ hat Geburtstag.
☐ Ihr Bruder ｜ ☐ hat ein Baby bekommen.
☐ Ihre Oma ｜ ☐ fährt für ein Jahr nach Amerika.

3) Wie lange bleibt sie dort?

............................... Tage.

4) Wann kommt sie zurück?

Am ☐ Montag　☐ Dienstag　☐ Mittwoch　☐ Donnerstag.

## １．副文と従属の接続詞

従属接続詞 dass は英語の *that* に対応し，副文を導く。副文では動詞や助動詞の定形を文末に置く（定形後置）。

> Oliver kommt nicht.     →      Schade, **dass** Oliver nicht <u>kommt</u>.
>
> Oliver kann nicht kommen.     →      Schade, **dass** Oliver nicht kommen <u>kann</u>.

分離動詞の場合には，前綴りは分離せずに基礎動詞と共に文末に置く。

> Seiko fährt nicht mit.     →      Schade, **dass** Seiko nicht <u>mitfährt</u>.

その他，従属接続詞には weil（〜だから），obwohl（〜にもかかわらず），wenn（〜なら）などがある。

> Seiko fährt nicht mit, **weil** sie nächste Woche eine Prüfung <u>hat</u>.
>
> Seiko fährt mit, **obwohl** sie nächste Woche eine Prüfung <u>hat</u>.
>
> Wir machen einen Ausflug, **wenn** das Wetter schön <u>ist</u>.

## ２．間接疑問文

wann（いつ），was（何／何が／何を），wer（誰が），wie（どのように），wo（どこに／で），woher（どこから），wohin（どこへ）などの疑問副詞を使って間接疑問文を作ることができる。動詞や助動詞の定形は上と同様，副文の文末に置く。

> Wo ist Seiko?     →      Wissen Sie, **wo** Seiko <u>ist</u>?

分離動詞は，前綴りを分離しないで後置する。

> Wann kommt Seiko zurück?     →      Wissen Sie, **wann** sie <u>zurückkommt</u>?

疑問詞のない疑問文から間接疑問文を作る場合には，接続詞 ob（〜かどうか）を用いる。

> Kommt Seiko am Wochenende zurück?
>
>     →      Wissen Sie, **ob** Seiko am Wochenende <u>zurückkommt</u>?

Weißt du, wo mein Hundefutter ist?

# Auf der Abschiedsparty
お別れパーティーで

**an alle SchülerInnen und LehrerInnen**

**Am 30. Januar
um 14.30 Uhr**

gibt es im Foyer eine kleine Abschiedsfeier der Klasse M I.
Wir laden alle herzlichst dazu ein.

Wer macht mit?
Wer kann Klavier spielen, singen oder Ähnliches?
Bitte an der Rezeption melden!

Bringt gute Laune und Freunde mit!

**Mehr Leute, mehr Spaß!!!**

Was erfahren wir über die Fete?　このパーティーについての情報を集めてみましょう。

| **Was?** | |
|---|---|
| **Wann?** | |
| **Wo?** | |

Planen Sie die Fete gemeinsam.
あなたがこのパーティーに参加するとしたら何をしますか？　クラスで話し合ってみましょう。

Wer kann Klavier spielen?

Ich spiele Klavier!

Klavier / Gitarre / Theater spielen
singen
Wurst / Wein / Bier ... mitbringen
Obstsalat / belegte Brote / Glühwein machen

**Teil 1** Heute ist Abschiedsparty in der Sprachschule. あっという間に1年が過ぎ，今日は語学学校でのお別れパーティーです。聖子はアランとの別れを惜しんでいます。

Seiko                    Alain

Die Zeit vergeht sehr schnell!

Stimmt! Ein Jahr ist schon vorbei.

Ja. Es war aber sehr schön, dass wir zusammen Deutsch lernen konnten.

Komm doch mal nach Paris!
Du bist bei mir immer willkommen.

Danke! Ich schreibe dir bestimmt!

vergehen（時間が）経過する　schnell 速く
Stimmt! そのとおり！　vorbei 過ぎ去って
zusammen 一緒に　konnten (< könnenの過去形)
immer いつでも　willkommen 歓迎される　bestimmt 必ず

| 現在 | 過去 |
|---|---|
| **jetzt** | **letztes Jahr** |
| Es **ist** schön. | Es **war** schön. |
| Ich **kann** Deutsch lernen. | Ich **konnte** Deutsch lernen. |
| Ich **habe** viel Freizeit. | Ich **hatte** viel Freizeit. |

**Übung 1** Bilden Sie Sätze nach dem Muster „Es war schön, dass ... " 例にならって，「〜して／〜できてよかった」と表現する練習をしましょう。

Wir **konnten** zusammen Deutsch lernen.

→ ***Es war schön, dass*** wir zusammen Deutsch lernen **konnten**.

1) Ich konnte viele Leute kennenlernen.　2) Ich hatte in Köln viel Freizeit.
3) Meine Eltern waren einmal in Köln.　4) Wir alle konnten die Prüfung bestehen.
5) Meine Gastfamilie war nett.

Leute *pl* 人々　kennen|lernen 知り合う　*e* Freizeit 自由な時間　bestehen 合格する

**Übung 2** Was hat Seiko in Köln gemacht? Wo war sie? 聖子はケルンのどこで何をしました
か？ 例にならって話してみましょう。

Seiko war am Rhein.
Sie hat das Silvester-Feuerwerk gesehen.

ドイツ語では、過去の出来事を話す
ときには主として現在完了形を使う
が、sein, haben と話法の助動詞
は過去形を用いることが多い。

am Rhein: das Sivester-
Feuerwerk sehen

im Stadtwald: ein Picknick machen

im Klub: tanzen

auf dem Weihnachtsmarkt:
einen Adventskranz kaufen

im Jazzklub: Musik hören

in der Schule:
zusammen Deutsch lernen

im Schwimmbad: mit Julia
schwimmen gehen

**Übung 3** Was war im letzten Jahr für Sie schön? この一年を振り返って，あなたにとって楽
しかったことは何ですか。ドイツ語で話し合ってみましょう。

Es war schön, dass ich viele Leute kennenlernen konnte.

viele Leute kennen|lernen    eine Reise machen    meine Schulfreunde treffen
ein Motorrad kaufen    viel Tennis spielen    viel Neues lernen

Es war schön, dass ich viel Freizeit hatte.

viel Freizeit    einen guten Job    nette Lehrer
nette Freunde    viel Spaß    ein tolles Seminar

**Disc2**
ナチュラル
**003**
ゆっくり
**004**

**Teil 2** Nach der Party.　パーティーの翌日，聖子は疲れているようです。

Die Party gestern war schön. Aber Seiko ist heute müde. Sie ist gestern sehr spät zurückgekommen. Sie und Alain mussten Julia nach Hause bringen, weil sie beschwipst war und nicht allein nach Hause gehen konnte. Julia war traurig, weil sie in einen Klassenkameraden verliebt ist. — Jetzt müssen Julia und ihr Klassenkamerad sich trennen. Sie fährt zurück nach Italien und er fährt zurück nach Spanien. Und Seiko fährt zurück nach Japan. Aber sie hat ihre Sachen noch nicht gepackt. Das wollte sie eigentlich gestern Abend noch machen. Aber es war gestern Abend schon zu spät. Deshalb muss sie jetzt packen.

beschwipst ほろ酔いした　　traurig 悲しい
sich⁴ trennen 別れる　　*r* Klassenkamerad クラスメート
in 人⁴ verliebt sein 〜に恋をしている
Sachen *pl* (< *e* Sache）持ち物　　packen 荷造りをする
noch nicht まだ〜ない　　eigentlich 本当は
deshalb だから　　schnell 早く

| müssen の過去形 | wollen の過去形 |
|---|---|
| **Ich** <u>musste</u> sie nach Hause bringen. | **Ich** <u>wollte</u> meine Sachen packen. |
| **Er** <u>musste</u> sie nach Hause bringen. | **Er** <u>wollte</u> seine Sachen packen. |
| **Wir** <u>mussten</u> sie nach Hause bringen. | **Wir** <u>wollten</u> unsere Sachen packen. |

**Übung 4** Jan konnte nicht auf der Party sein. Deshalb schreibt Seiko ihm eine Nachricht und erzählt, was gestern Abend passiert ist. Schreiben Sie die Nachricht.　聖子がヤンに昨晩のことをメッセージで伝えます。聖子になったつもりで書いてください。

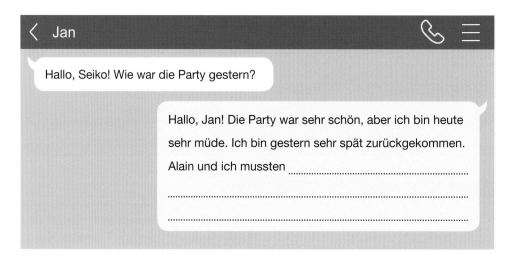

⟨ Jan 　　　　　　　　　　　　　📞 ☰

Hallo, Seiko! Wie war die Party gestern?

Hallo, Jan! Die Party war sehr schön, aber ich bin heute sehr müde. Ich bin gestern sehr spät zurückgekommen. Alain und ich mussten ...............................................
...............................................................
...............................................................

**Übung 5** Was waren die Probleme? Ergänzen Sie die Lücken. 72 ページのテクストをもう一度読んでください。

① 下線部に wollen, können, müssen の過去形を入れてください。

Alain ........................ nicht trinken, weil er mit dem Auto zurückfahren ........................ .

Seiko ........................ eigentlich früh nach Hause gehen, weil sie ihre Sachen noch packen

........................ .

Seiko und Alain ........................ Julia nach Hause bringen, weil sie beschwipst war.

Julia ........................ eigentlich noch in Deutschland bleiben, weil sie verliebt war.

② 下線部に aber, und, deshalb のいずれかを入れてください。

Seiko wollte ihre Sachen gestern packen. ........................ sie war zu müde.

Julia war traurig. ........................ hat sie ein bisschen zu viel getrunken.

Julia fährt nach Italien. ........................ Seiko fährt nach Japan.

Julia muss nach Italien zurückfahren. ........................ sie wollte noch in Deutschland bleiben.

> 接続詞の aber と und は語順に影響しない。
> Seiko wollte gestern packen. **Aber** sie hatte keine Zeit.
> Alain fährt nach Frankreich **und** Julia fährt nach Italien.
> deshalb は副詞なので、文頭に置く場合には主語と動詞の位置に注意！
> Seiko hat gestern nicht gepackt. **Deshalb** muss sie heute packen.

Disc2
ナチュラル
**005**
ゆっくり
**006**

**Übung 6** Hören Sie. 翌日，聖子が Alain に電話をしています。会話を聴き取って，文を完成させてください。

Wann warst du gestern eigentlich zu Hause?

Ich bin gegen ................ Uhr ........................ .
Hast du deine Sachen schon gepackt?

Nein, ich war sehr ................ und bin sofort ins ................ gegangen.
Ich ........................ jetzt ................ Sachen.

**Übung 7** Schreiben Sie den Text in der Vergangenheit. 次の文を過去の出来事として，書き直しましょう。

Die Party ist schön. Viele Leute sind da. Julia bringt Chianti mit. Seiko bringt Onigiri mit. Alle haben Hunger und essen viel. Julia trinkt viel. Dann will Herr Grund tanzen. Alain spielt Gitarre und Seiko singt.

Die Party war schön. Viele Leute ........................ da. Julia hat Chianti mitgebracht. ...

## 1．過去の出来事を語る

ドイツ語では，過去の出来事について話したり，手紙に書いたりする場合には，原則的に現在完了形を用いる。

過去形は新聞の記事や小説などで用いられることが多い。

ただし，sein, haben と話法の助動詞は過去形を用いられることのほうが多い。

> Seiko, Julia und Alain **sind** in eine Kneipe gegangen. Julia war sehr traurig.
> Sie hatte Liebeskummer. Deshalb **hat** sie viel getrunken. Dann konnte sie nicht
> allein nach Hause gehen und Seiko und Alain mussten sie nach Hause bringen.

## 2．動詞や話法の助動詞の過去形

1）動詞や話法の助動詞には「過去基本形」がある。規則動詞の過去形基本形は，語幹に -te をつけて作る。不規則な変化をする動詞については，辞書の巻末などにある動詞の変化表を参照する。

規則動詞：不定詞　　過去基本形　　　　不規則動詞：不定詞　　　過去基本形

spiel|en ⇒ spiel|**te**　　　　　　　　haben ⇒ **hatte**

mach|en ⇒ mach|**te**　　　　　　　　sein ⇒ **war**

話法の助動詞の過去基本形：　dürfen ⇒ **durfte**　　können ⇒ **konnte**

müssen ⇒ **musste**　　sollen ⇒ **sollte**

wollen ⇒ **wollte**

2）過去人称変化は、「過去基本形」に語尾をつける。1 人称単数および 3 人称単数では語尾がつかない。

|  | 単数 （Singular） | 複数 （Plural） |
|---|---|---|
| 1人称 | ich 過去基本形 | wir 過去基本形 **n** |
| 2人称　親称 | du 過去基本形 **st** | ihr 過去基本形 **t** |
| 　　　　敬称 | Sie 過去基本形 **n** | Sie 過去基本形 **n** |
| 3人称 | er/sie/es 過去基本形 | sie 過去基本形 **n** |

## 3．並列の接続詞

und（そして），aber（しかし），oder（あるいは），denn（というのは）は並列の接続詞で、語や句，文を対等に結びつける。従属接続詞とは異なり，語順に影響を与えない。

> Seiko lernt Vokabeln **und** Robert schläft unter dem Tisch.
> Sie möchte ein Eis essen gehen, **aber** sie muss Hausaufgaben machen.

deshalb（それゆえに）は先行する文の結果を導くが、副詞なので語順に注意する。

> Sie hat keine Zeit, **deshalb** kann sie nicht Eis essen gehen.

# Es wäre schön, wenn ...

Flugbegleiterin werden

fliegen

ein Ferienhaus kaufen

ein Modegeschäft in Florenz auf|machen

Urlaub in Hawaii machen

Seiko in Japan besuchen

Profi-Fußballer werden

Alle haben Träume.
Seiko möchte ...
Frau Berger möchte ...
Alain möchte ...
Jan möchte ...
Und was ist Ihr Traum?
Was möchten Sie machen?

Oliver möchte ...
Robert möchte ...
Julia möchte ...

Was möchten Sie werden?

**Teil 1** Seiko muss bald nach Japan zurückfliegen. Sie seufzt ...　聖子のケルン滞在も残り少なくなってきました。時々ため息をつく聖子を，オリヴァーが心配しています。

Oliver　　　　　　　　　　　Seiko

Was hast du denn?　　　　　　　　　　... (seufzt)

Du weißt doch, dass ich schon bald nach Japan zurückfliegen muss.

Bist du nicht glücklich, dass du nach Hause zurückkehren kannst?

Nein! Ich bin total unglücklich.
Ich kann immer noch so wenig Deutsch.
Es wäre schön, wenn ich mehr Zeit hätte.
Ich könnte dann weiter Deutsch lernen.
Und ich könnte noch bei euch bleiben und jeden Tag mit Robert spielen ... Vielleicht könnte ich euch im Sommer besuchen?

Na, klar!

seufzen ため息をつく　Was hast du denn? どうしたの？　bald もうすぐ
zurück|fliegen （飛行機で）帰る　zurück|kehren 帰る　glücklich 幸せな
unglücklich 不幸せな　wenig 少しの　wäre(< seinの接続法第２式)
Es wäre schön, wenn ... ～だったらいいのになあ
hätte(< habenの接続法第２式)　könnte(< könnenの接続法第２式)
bei ～のところで　euch(< ihr, 56ページ参照)
jeden Tag 毎日　Na, klar! 当たり前だよ！（決まっているじゃないか！）

接続法第２式は動詞あるいは助動詞の過去形を基にして作り，非現実的な願望を表す。
Es **wäre** schön, wenn ich mehr Zeit **hätte**.
Es **wäre** schön, wenn wir mehr Zeit **hätten**.

Wenn ich mehr Zeit **hätte**, **könnte** ich weiter Deutsch lernen.
Wenn wir mehr Zeit **hätten**, **könnten** wir weiter Deutsch lernen.

**Fragen zum Dialog**

1) Warum seufzt Seiko?

2) Ist Seiko glücklich?

3) Was möchte Seiko gern machen? Warum?

**Übung 1** Bilden Sie Sätze. Wovon träumen Oliver und Seiko? 「～だったらいいのに」とい
う練習をしましょう（ここでは動詞の haben と助動詞の können のみを使います）。

mehr Zeit **haben** → Es wäre schön, wenn ich mehr Zeit **hätte**.

weiter Deutsch lernen **können** → Es wäre schön, wenn ich weiter Deutsch lernen **könnte**.

| | |
|---|---|
| ein Stipendium haben | ein Motorrad haben |
| einen netten Freund haben | eine eigene Wohnung haben |
| in Köln studieren können | eine Weltreise machen können |

*s* Stipendium 奨学金
nett やさしい
*s* Motorrad バイク
eigen 自分の
*e* Weltreise 世界旅行

Disc2
ナチュラル
010
ゆっくり
011

**Übung 2**

① Hören Sie. Wovon träumt Robert? ローベルトの非現実的な願いとは？ 聴き取って選んでく
ださい。

☐ Wenn ich nur sprechen könnte!

☐ Wenn ich nur eine Katze wäre!

☐ Wenn ich nur lange Beine hätte!

☐ Wenn ich nur ein Mensch wäre!

☐ Wenn ich nur den Kühlschrank aufmachen könnte!

*e* Katze 猫　Beine *pl* (< *s* Bein) 脚

② Was könnte Robert dann machen? 非現実的な願いがもし叶ったとすれば，ローベルトはどん
なことをしたいと言っていますか？ 聴き取ってみましょう。

Wenn Robert ............................... hätte, dann könnte er ...

Wenn Robert ............................... wäre, dann könnte er ...

| | | |
|---|---|---|
| schneller laufen | seine Meinung sagen | alles machen |
| selber Wurst und Käse raus\|holen | | jederzeit alleine raus\|gehen |

**Disc2**
ナチュラル
**012**
ゆっくり
**013**

**Teil 2** Was würde Seiko machen, wenn sie mehr Zeit hätte? ケルンではいろいろなことを学び経験した聖子ですが，まだやり残したことはたくさんあるようです。

Oliver                                     Seiko

> Was würdest du denn machen,
> wenn du hier mehr Zeit hättest?

> Ich würde weiterhin die Sprachschule besuchen.
> Und ich würde auch nach Berlin fahren.
> Die Stadt soll sehr schön und interessant sein.
> Und ich würde nach Paris fahren, um Alain zu
> besuchen.

> Kannst du denn nicht länger bleiben?

> Nein. Ich bin nur für ein Jahr beurlaubt.
> Ich muss im April wieder an die Uni zurück.

würdest / würde（< werdenの接続法第2式）
weiterhin さらに引き続き    *e* Sprachschule 語学学校
soll（< sollen）（伝聞を表して）〜だそうだ
länger（< langの比較級）    beurlaubt 休学している

**Disc2**

**014**  **Fragen zum Dialog**

1) Was würde Seiko machen, wenn sie mehr Zeit in Deutschland hätte?

2) Warum würde Seiko nach Paris fahren?

3) Kann Seiko länger in Deutschland bleiben? Warum (nicht)?

現代のドイツ語では，接続法第2式を würde と不定詞を組み合わせて代用することが一般的である（すべての変化については80ページを参照）。

Was **würdest** du denn <u>machen</u>?
— Ich **würde** nach Berlin <u>fahren</u>.

前置詞 um と zu 不定詞を組み合わせて用いると，「〜するために」という意味の副詞的な用法となる。

Ich fahre nach Paris, **um** Alain **zu** besuchen.

**Übung 3** Bilden Sie Sätze. 「もっと時間があったら〜するのに」と würde を使って練習してください。

nach Paris fahren → Wenn ich mehr Zeit hätte, **würde** ich nach Paris fahren.

1) Blumenstecken lernen

2) Sport machen

3) öfter bergsteigen

4) durch Europa reisen

5) in einen Tanzkurs gehen

*s* Blumenstecken 生け花   öfter もっと頻繁に
Sport machen スポーツをする
berg|steigen 登山をする   *r* Tanzkurs ダンス教室

Disc2
ナチュラル
015
ゆっくり
016

**Übung 4** Hören Sie. アランやユーリアはもっと時間があったら何をすると言っていますか？ 聴き取って文を完成させてください。

Was würdest du denn machen, wenn du hier mehr Zeit hättest, Alain?

Ich würde ..............................................................

Und du, Julia?

Ich würde ......................................................

**Übung 5** ① Machen Sie Interviews in der Klasse. 「百万長者だったら何をする?」とクラスメート3人にインタビューしてみましょう。その結果を表に書き込んでみましょう。

Was würdest du machen, wenn du Millionär/in wärest?

Ich würde ...

|  | 1 | 2 | 3 |
|---|---|---|---|
| Name |  |  |  |
| Was würde er / sie machen, wenn er / sie Millionär / -in wäre? |  |  |  |

② 上の表を見ながら，インタビューの結果をクラスで発表してみましょう。

*Keiko würde eine Weltreise machen, wenn sie Millionärin wäre.*

## 1. 接続法第2式

例えば「聖子はケルンに滞在した」「聖子は学生だ」という文は，ある事柄を断定的に述べている。このような話法を直説法と呼ぶ。それに対し，「聖子はケルンに滞在したそうだ」のように，誰かが言ったことを引用したり，「もし聖子がケルンに行っていなかったら」「もし聖子がアメリカに行っていたら」のように，事実とは異なることを述べる場合の話法は接続法と呼ばれる。接続法には第1式と第2式があるが，ここでは第2式のみを取り扱う。

接続法第2式には様々な用法がある。

### 《非現実的な事柄を述べる》

　非現実的な用法は，現実とは異なる事柄を，実現されない非現実的なこととして述べることを指す。

　　　Es **wäre** schön, wenn ich viel Zeit **hätte**.　　もし時間がたくさんあったら，いいだろうなあ。

### 《丁寧な依頼》

　人に何かをしてもらうよう，丁寧に依頼する場合に用いる。

　　　**Könnte** ich euch vielleicht im Sommer besuchen?　夏に君たちのところに遊びに行ってもいいかな？
　　　**Könnten** Sie bitte das Fenster aufmachen?　　　　窓を開けていただけますか？

## 2. 接続法第2式の作り方

接続法第2式は，過去基本形を基に作る。

| 不定詞 | | sein | haben | werden | können |
|---|---|---|---|---|---|
| 過去基本形 | | war | hatte | wurde | konnte |
| 単数（Singular） | | | | | |
| 1人称 | ich | wäre | hätte | würde | könnte |
| 2人称　親称 | du | wär(e)st | hättest | würdest | könntest |
| 　　　敬称 | Sie | wären | hätten | würden | könnten |
| 3人称 | er/sie/es | wäre | hätte | würde | könnte |
| 複数（Plural） | | | | | |
| 1人称 | wir | wären | hätten | würden | könnten |
| 2人称　親称 | ihr | wär(e)t | hättet | würdet | könntet |
| 　　　敬称 | Sie | wären | hätten | würden | könnten |
| 3人称 | sie | wären | hätten | würden | könnten |

## 3. würde

現代のドイツ語では，接続法第2式を würde と不定詞を組み合わせて代用することが一般的である。不定詞は文末に置く。

　　　Wenn ich viel Zeit hätte, **würde** ich eine Weltreise machen.
　　　Wenn ich viel Zeit hätte, **würde** ich jobben und Geld sparen.

 **Uhrzeit** 時刻

### Wie spät ist es jetzt in Tokyo? Wie spät ist es in Berlin?

| Berlin / Paris / Rom | Tokyo | Los Angeles |
|---|---|---|
|  |  |  |
| Montag | Montag | Sonntag |
| vier Uhr (morgens) | zwölf Uhr (mittags) | sieben Uhr (abends) |

（中央に縦書き：Dateumsgrenze）

ヨーロッパでは 3 月の最終日曜日から 10 月の最終日曜日まではサマータイムとなり、日本との時差が 1 時間少なくなります。

**Wie spät ist es?**   **Es ist sieben Uhr.**

| Viertel vor fünf | Viertel nach eins | fünf nach neun | zehn vor acht | halb elf | fünf vor halb acht |

### Wann stehen Sie auf? (Um wie viel Uhr stehen Sie auf?)
### Und was machen Sie dann?

あなたは何時に起きますか？　それから何をしますか？

**Ich stehe um sieben auf.**
**Um halb acht frühstücke ich.**
**Um ........................................ .**

| auf\|stehen 起きる | frühstücken 朝食をとる | ein\|kaufen gehen 買い物に行く |
| ins Bett gehen 寝る | zu Mittag essen 昼食をとる | ins Café gehen カフェに行く |
| | zu Abend essen 夕食をとる | Freunde treffen 友達と会う |

zur Uni fahren 大学へ行く　　ein Seminar haben ゼミに参加する
eine Vorlesung haben 講義を受ける　　in der Bibliothek arbeiten 図書館で勉強する

列車の時刻表や映画・コンサートの開始・終了時刻などの公式時刻は 24 時間表記。

Der nächste Zug nach Köln fährt um 14.20 Uhr (vierzehn Uhr zwanzig) ab.

Disc2
**018**  # Die Jahreszeiten / Die Monate  四季と月

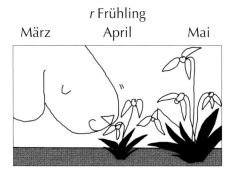

*r* Frühling

März          April          Mai

*r* Sommer

Juni          Juli          August

*r* Herbst

September     Oktober     November

*r* Winter

Dezember     Januar     Februar

Disc2
**019**  ## Ordinalzahlen  序数

| | | | |
|---|---|---|---|
| 1. **erst** | 11. elf**t** | 21. einundzwanzig**st** | 1 000. tausend**st** |
| 2. zwei**t** | 12. zwölf**t** | 30. dreißig**st** | |
| 3. drit**t** | 13. dreizehn**t** | 40. vierzig**st** | |
| 4. vier**t** | 14. vierzehn**t** | 50. fünfzig**st** | |
| 5. fünf**t** | 15. fünfzehn**t** | 60. sechzig**st** | |
| 6. sechs**t** | 16. sechzehn**t** | 70. siebzig**st** | |
| 7. sieb**t** | 17. siebzehn**t** | 80. achtzig**st** | |
| 8. ach**t** | 18. achtzehn**t** | 90. neunzig**st** | |
| 9. neun**t** | 19. neunzehn**t** | 100. hundert**st** | |
| 10. zehn**t** | 20. zwanzig**st** | 101. hundert**erst** | |

Disc2
**020**  ## Datum  日付

序数を使って日付を表す場合には，冠詞と語尾がつきます。

「〜日は」：der 序数e

Heute ist der erste April.　今日は4月1日です。

「〜日に」：am 序数en

Ich bin am zweiten Februar zweitausendeins geboren.

私は2001年2月2日に生まれました。

Disc2
021 **Im Café** カフェで

Entschuldigung! Wir möchten bestellen.

Bitte sehr? Was darf's sein?

Ich nehme einen Kaffee und einen Apfelstrudel.

Mit Sahne?

Ja, mit Sahne bitte!

Und Sie?

Ich nehme einen Käsekuchen und einen Tee.

\*　　\*　　\*　　\*　　\*

Wir möchten bezahlen.

Zusammen oder getrennt?

Getrennt, bitte.
Ich bezahle den Kaffee und den Apfelstrudel.

8,20 Euro, bitte.

9 Euro, bitte.

Danke sehr!
Und der Tee und der Käsekuchen ...
Das macht 7,50 Euro.

Stimmt so.

Danke! Schönen Tag noch!

---

bestellen 注文する　　Was darf's sein? 何になさいますか？　　 *r* Apfelstrudel アップルパイ
*e* Sahne ホイップクリーム　　*r* Käsekuchen チーズケーキ　　bezahlen 支払う
zusammen 一緒に　　getrennt 別々に　　stimmen 合っている
Schönen Tag noch! この後もよい一日を！

Disc2
022

# Einkaufen 買い物

Kann ich Ihnen helfen?

| Ja, bitte. Ich suche | einen Rock. |
| | eine Hose. |
| | ein T-Shirt. |

| Wie finden Sie | den Rock | hier? |
| | die Hose | |
| | das T-Shirt | |

| Nicht schlecht. Kann ich | ihn | mal anprobieren? |
| | sie | |
| | es | |

Ja, sicher! Da ist die Kabine.

Danke!

\*    \*    \*    \*    \*

| Der | ist ein bisschen zu groß. Haben Sie | ihn | in einer anderen Größe? |
| Die | | sie | |
| Das | | es | |

Ja, einen Moment. Hier, bitte!

| Vielen Dank! | Der | gefällt mir. Was kostet | er? |
| | Die | | sie? |
| | Das | | es? |

29,80 Euro.

| Gut, ich nehme | ihn. |
| | sie. |
| | es. |

helfen （人³を）手伝う　　suchen 探す　　Nicht schlecht. 悪くないですね（＝良いですね）
an｜probieren 試着する　　e Kabine 試着室　　in einer anderen Größe 別のサイズで
gefallen （人³の）気に入る

# Was würdest du machen, wenn du viel Zeit hättest?

時間がたっぷりあったら何をする？

聖子が友達や，ホームステイ先の皆に「時間がたっぷりあったら何をする？」と尋ねたところ，いろいろな答えが返って来ました。皆さんも「時間があれば～」と思うことがあるに違いありません。クラスの友達や先生にインタビューをして，いろいろな答えを集めてください。

Wenn ich viel Zeit hätte, würde ich faulenzen.
*Dominik, 15 J., Schüler*

Wenn ich viel Zeit hätte, würde ich malen lernen und später mit einem Malblock im Koffer eine Weltreise machen.
*Anne, 45 J., Verkäuferin*

Wenn ich viel Zeit hätte, würde ich noch mehr Badminton spielen.
*Julia, 19 J., Studentin*

Wenn ich viel Zeit hätte, würde ich selbst einen Computer zusammenbauen.
*Michael, 28 J., Ingenieur*

Wenn ich viel Zeit (und auch Geld) hätte, würde ich in die Toskana ziehen und dort leben.
*Hella, 70 J., Geschäftsfrau*

Wenn ich viel Zeit hätte, würde ich eine Weltreise mit dem Schiff machen.
*Hans, 53 J., Angestellter*

Wenn ich viel Zeit hätte, würde ich jobben und Geld sparen.
*Stefan, 22 J., Student*

Wenn ich keine Zeit hätte, könnte ich nicht auf dem Sofakissen schlafen, Nachbars Katze nicht jagen …

## アルファベットとドイツ語の発音

 1. Alphabet アルファベットの読み方が，発音の基礎となります

| | | | | | | |
|---|---|---|---|---|---|---|
| **A a**<br>a: | **B b**<br>be: | **C c**<br>tse: | **D d**<br>de: | **E e**<br>e: | **F f**<br>ɛf | **G g**<br>ge: |
| **H h**<br>ha: | **I i**<br>i: | **J j**<br>jɔt | **K k**<br>ka: | **L l**<br>ɛl | **M m**<br>ɛm | **N n**<br>ɛn |
| **O o**<br>o: | **P p**<br>pe: | **Q q**<br>ku: | **R r**<br>ɛr | **S s**<br>ɛs | **T t**<br>te: | **U u**<br>u: |
| **V v**<br>faʊ | **W w**<br>ve: | **X x**<br>ɪks | **Y y**<br>'ʏpsilɔn | **Z z**<br>tsɛt | | |
| | | | **Ä ä**<br>ɛ: | **Ö ö**<br>ø: | **Ü ü**<br>y: | **ß ß**<br>ɛs-'tsɛt |

 2. 発音の規則

1) 原則としてローマ字読みをする

2) アクセントは原則として最初の母音にある

3) アクセントが置かれる母音の後に続く子音がひとつのとき，母音は長めに発音する

    Jura 法学          haben 持っている

アクセントが置かれる母音の後に子音がふたつ以上続くとき，母音は短めに発音する

    kommen 来る     Milch 牛乳

3. 母音

1) ウムラウト

    Ä / ä    [a] の口で「エ」と言う    Ärztin （女性の）医師

    Ö / ö    [o] の口で「エ」と言う    Köln ケルン（都市名）

    Ü / ü    [u] の口で「イ」と言う    Übung 練習

2) 二重母音

    ei   [aɪ]    Wein ワイン

    ie   [iː]    Sie あなたは

    au   [aʊ]    Schauspieler 俳優

    eu   [ɔʏ]    Deutsch ドイツ語

    äu   [ɔʏ]    Verkäuferin （女性の）販売員

3) 次の場合には，長母音として発音する

    ・aa / ee / oo   ：Aachen （都市名）    Tee お茶    Boot ボート

    ・母音の後ろに h：Bahn 鉄道    gehen 行く    Uhr 時計

## 4. 注意すべき子音

w [v]　Wiedersehen　再会

ß [s]　heißen　～という名前である

ch：前にある母音が a/o/u がある場合には [x]

　　　Ach!　ああ！　　Koch　料理人　　Buch　本
　　　それ以外の場合には [ç]　　ich　私は　　sprechen　話す
　　　sch [ʃ]　　　　　Schule　学校
　　　tsch [tʃ]　　　　Deutsch　ドイツ語

j　一部の外来語を除き，「ヤ」「ユ」「ヨ」のように発音する

　　　Japan　日本　　Jugend　青春　　Johanna　（人名）

r　母音の後ろに r がある場合，r は母音化され「ア」のように発音する

　　　hier　ここで　　　nur　～だけ　　Kurs　コース

s　後ろに母音がある場合には濁音に，それ以外では清音になる

　　　sagen　言う　　Siegen　（都市名）　　Sohn　息子
　　　was　何が／何を　　uns　私たちに／私たちを

z　「ズ」ではなく「ツ」　　Soziologie　社会学　　Zoo　動物園

v　一部の外来語を除き，f と同じ発音になる

　　　Vater　お父さん　　viel　たくさんの

sp / st　s は「ス」ではなく「シュ」となる

　　　sprechen　話す　　　　　　　spät　遅い
　　　Student　（男性の）学生　　　still　静かな
　　　　　ただし　gestern　（昨日）は「ゲスターン」

pf / zt　2 つの子音を連続して発音する（間に母音を入れないよう注意）

　　　Apfel　リンゴ　　　　　　　Topf　鍋
　　　Arzt　（男性の）医師　　　　jetzt　今

## 5. その他

1) b / d / g　後ろに母音がある場合には [b][d][g]、語末にある場合には [p][t][k] と発音される

　　　Liebe　愛　　→　lieb　可愛らしい　　　Kinder　子どもたち　→　Kind　子ども
　　　Tage　日々　→　Tag　日

2) 語尾の -ig　ich の ch と同じ発音になる

　　　lustig　愉快な　　zwanzig　20

　　ただし後ろに母音がある場合には，g を [g] と発音する

　　　Königin　女王

3) -tion：-ti は「ティ」ではなく「ツィ」と発音する

    Kommunikation コミュニケーション      Information 情報

4) th は [t] と発音する

    Apotheke 薬局    Bibliothek 図書館    Theater 劇場

5) ch は，外来語では [ʃ] や [k] と発音される

    [ʃ]   Chance チャンス      Recherche 調査

    [k]   Charakter 性格      Christ キリスト

6) qu は [kv] と発音する

    Qualität 質    Quelle 泉    Quittung 領収書, レシート

7) y は ü と同様，[u] の口で「イ」と発音する

    Typ タイプ    Psychologie 心理学

## 文法表

### 人称代名詞

|  | 単数 | 複数 |
|---|---|---|
| 1 人称 | ich 私は | wir 私たちは |
| 2 人称　親称 | du 君は | ihr 君たちは |
| 　　　　敬称 | Sie あなたは | Sie あなたがたは |
| 3 人称 | 男性： er 彼は<br>女性： sie 彼女は<br>中性： es それは | sie ⎰ 彼らは<br>彼女らは<br>それらは |

### 不定詞と定動詞

不定詞（不定形）：動詞や助動詞が何の変化もしていない形

    kommen 来る

      語幹

定動詞（定形）：動詞や助動詞が、文中の主語に応じて変化した（＝人称変化した）形

              文中では 2 番目に置かれる（定形第 2 位）

    Ich komme aus Kobe.

    Er kommt aus Tokyo.

        ↑

    定動詞（定形）

規則動詞の現在人称変化

|       | 単数 | | 複数 | |
|-------|------|--|------|--|
| 1人称 | ich | 語幹 + e | wir | 語幹 + en |
| 2人称 | du | 語幹 + (e)*st | ihr | 語幹 + (e)*t |
|       | Sie | 語幹 + en | Sie | 語幹 + en |
| 3人称 | er sie es | 語幹 + (e)*t | sie | 語幹 + en |

\* 語幹が -t または -d で終わる場合には，口調上の e を入れる

疑問詞

| ・was | 何が／何を | Was ist das? |
| ・wann | いつ | Wann beginnt die Party? |
| ・warum | なぜ | Warum kommt Seiko nicht? |
| ・wer | 誰が | Wer ist das? |
| ・wie | どのように | Wie heißen Sie? |
| ・wo | どこで | Wo wohnst du? |
| ・woher | どこから | Woher kommst du? |

sein, haben, werden の現在人称変化

| sein | | haben | | werden | |
|------|--|-------|--|--------|--|
| ich bin | wir sind | ich habe | wir haben | ich werde | wir werden |
| du bist | ihr seid | du hast | ihr habt | du wirst | ihr werdet |
| Sie sind | Sie sind | Sie haben | Sie haben | Sie werden | Sie werden |
| er sie es } ist | sie sind | er sie es } hat | sie haben | er sie es } wird | sie werden |

不定冠詞の格変化

|            | *r* Tisch | *e* Lampe | *s* Bett |
|------------|-----------|-----------|----------|
| 1格（〜は） | ein Tisch | eine Lampe | ein Bett |
| 2格（〜の） | eines Tisches* | einer Lampe | eines Bettes* |
| 3格（〜に） | einem Tisch | einer Lampe | einem Bett |
| 4格（〜を） | einen Tisch | eine Lampe | ein Bett |

\* 男性名詞および中性名詞の 2 格では、名詞の語尾の -(e)s をつける

## 定冠詞の格変化

|  | *r* Tisch | *e* Lampe | *s* Bett | 複数形 |
|---|---|---|---|---|
| 1 格（〜は） | der  Tisch | die  Lampe | das  Bett | die  Tische |
| 2 格（〜の） | des  Tisches* | der  Lampe | des  Bettes* | der  Tische |
| 3 格（〜に） | dem  Tisch | der  Lampe | dem  Bett | den  Tischen** |
| 4 格（〜を） | den  Tisch | die  Lampe | das  Bett | die  Tische |

\*\* 名詞の複数形の 3 格では、名詞の語尾に -n をつける（ただし、-s や -n で終わる複数形を除く）

## 否定冠詞の格変化

|  | *r* Tisch | *e* Lampe | *s* Bett |
|---|---|---|---|
| 1 格（〜は） | kein    Tisch | keine  Lampe | kein    Bett |
| 2 格（〜の） | keines  Tisches* | keiner  Lampe | keines  Bettes* |
| 3 格（〜に） | keinem  Tisch | keiner  Lampe | keinem  Bett |
| 4 格（〜を） | keinen  Tisch | keine  Lampe | kein    Bett |

## 話法の助動詞の現在人称変化

|  | dürfen 〜してよい | können 〜できる | möchte(n) 〜したいと思う（主語の願望） | müssen 〜しなければならない | sollen 〜すべきだ | wollen 〜するつもりだ（主語の意志） |
|---|---|---|---|---|---|---|
| Ich | darf | kann | möchte | muss | soll | will |
| du | darfst | kannst | möchtest | musst | sollst | willst |
| Sie | dürfen | können | möchten | müssen | sollen | wollen |
| er/sie/es | darf | kann | möchte | muss | soll | will |
| wir | dürfen | können | möchten | müssen | sollen | wollen |
| ihr | dürft | könnt | möchtet | müsst | sollt | wollt |
| Sie | dürfen | können | möchten | müssen | sollen | wollen |
| sie | dürfen | können | möchten | müssen | sollen | wollen |

## 所有冠詞

|  | 単数 | | 複数 | |
|---|---|---|---|---|
| 1 人称 | ich ⇒ mein | | wir ⇒ unser | |
| 2 人称 | du ⇒ dein | | ihr ⇒ euer | |
|  | Sie ⇒ Ihr | | Sie ⇒ Ihr | |
| 3 人称 | er ⇒ sein | | | |
|  | sie ⇒ ihr | | sie ⇒ ihr | |
|  | es ⇒ sein | | | |

## 所有冠詞の格変化

所有冠詞は、それに続く名詞の性・数・格に応じて語尾が変化する

|  | 男性 | 女性 | 中性 | 複数 |
|---|---|---|---|---|
| 1 格 | なし | -e | なし | -e |
| 2 格 | -es | -er | -es | -er |
| 3 格 | -em | -er | -em | -en |
| 4 格 | -en | -e | なし | -e |

人称代名詞の格変化

|  | 単数 | | | 複数 | | |
|---|---|---|---|---|---|---|
|  | 1格 | 3格 | 4格 | 1格 | 3格 | 4格 |
| 1人称 | ich | mir | mich | wir | uns | uns |
| 2人称　親称 | du | dir | dich | ihr | euch | euch |
| 　　　　敬称 | Sie | Ihnen | Sie | Sie | Ihnen | Sie |
| 3人称 | er | ihm | ihn | | | |
|  | sie | ihr | sie | sie | ihnen | sie |
|  | es | ihm | es | | | |

sein, haben, werden の過去人称変化

| sein | |
|---|---|
| 過去基本形　war | |
| ich war | wir waren |
| du warst | ihr wart |
| Sie waren | Sie waren |
| er sie es } war | sie waren |

| haben | |
|---|---|
| 過去基本形　hatte | |
| ich hatte | wir hatten |
| du hattest | ihr hattet |
| Sie hatten | Sie hatten |
| er sie es } hatte | sie hatten |

| werden | |
|---|---|
| 過去基本形　wurde | |
| ich wurde | wir wurden |
| du wurdest | ihr wurdet |
| Sie wurden | Sie wurden |
| er sie es } wurde | sie wurden |

話法の助動詞の過去人称変化

|  | dürfen | können | müssen | sollen | wollen |
|---|---|---|---|---|---|
| 過去基本形 | durfte | konnte | musste | sollte | wollte |
| ich | durfte | konnte | musste | sollte | wollte |
| du | durftest | konntest | musstest | solltest | wolltest |
| Sie | durften | konnten | mussten | sollten | wollten |
| er/sie/es | durfte | konnte | musste | sollte | wollte |
| wir | durften | konnten | mussten | sollten | wollten |
| ihr | durftet | konntet | musstet | solltet | wolltet |
| Sie | durften | konnten | mussten | sollten | wollten |
| sie | durften | konnten | mussten | sollten | wollten |

接続法第 2 式の人称変化

過去人称変化を基に作られる。幹母音をウムラウトさせ，過去人称変化の語尾をとる。

| sein | | haben | | werden | |
|---|---|---|---|---|---|
| 過去基本形 war | | 過去基本形 hatte | | 過去基本形 wurde | |
| ich wäre | wir wären | ich hätte | wir hätten | ich würde | wir würden |
| du wär(e)st | ihr wär(e)t | du hättest | ihr hättet | du würdest | ihr würdet |
| Sie wären | Sie wären | Sie hätten | Sie hätten | Sie würden | Sie würden |
| er | | er | | er | |
| sie } wäre | sie wären | sie } hätte | sie hätten | sie } würde | sie würden |
| es | | sie | | sie | |

## 基本的な文の作り方・語順

① 平叙文での大原則は定形第二位

    Ich komme aus Kobe.

    Er trinkt gern Kaffee.

② ja / nein で答える疑問文では定形が文頭に置かれる

    Kommen Sie aus Deutschland?

    Spielst du gern Tennis?

③ 疑問詞は文頭へ置く

    Woher kommst du?

    Was trinken Sie gern?

④ 話法の助動詞を使った文では、不定詞を文末に置いて枠構造を作る

    Er kann sehr gut Deutsch sprechen.

    Wann kann ich euch besuchen?

⑤ 分離動詞を使った文では、分離前綴りを文末に置いて枠構造を作る

    Seiko kommt auch mit.

    Was bringst du mit?

⑥ 現在完了形や受動態の文では、過去分詞を文末に置いて枠構造を作る

    Ich habe gestern einen Film gesehen.

    Am Jahresende wird die Wohnung geputzt.

## 主な不規則動詞の三基本形 （*s* のついた動詞は現在完了形を作るとき sein を用いる）

| 不定詞 | | 不規則な現在形 | 過去基本形 | 過去分詞 |
|---|---|---|---|---|
| backen | パンなどを焼く | *du* bäckst<br>*er* bäckt | backte | gebacken |
| beginnen | 始める | | begann | begonnen |
| bleiben | とどまる | | blieb | geblieben (*s*) |
| brennen | 燃える | | brannte | gebrannt |
| bringen | 運ぶ | | brachte | gebracht |
| dürfen<br>接2 dürfte | 〜してよい | *ich* darf<br>*du* darfst<br>*er* darf | *du*rfte | dürfen<br>〈gedurft〉 |
| essen | 食べる | *du* isst<br>*er* isst | aß | gegessen |
| fahren | 乗り物で行く | *du* fährst<br>*er* fährt | fuhr | gefahren (*s*) |
| fangen | 捕える | *du* fängst<br>*er* fängt | fing | gefangen |
| finden | 見つける | | fand | gefunden |
| fliegen | 飛ぶ | | flog | geflogen (*s*) |
| geben | 与える | *du* gibst<br>*er* gibt | gab | gegeben |
| gefallen | 気に入る | *du* gefällst<br>*er* gefällt | gefiel | gefallen |
| gehen | 行く | | ging | gegangen (*s*) |
| gießen | 注ぐ | *du* gießt<br>*er* gießt | goss | gegossen |
| gleichen | 似ている | | glich | geglichen |
| haben<br>接2 hätte | 持っている | *du* hast<br>*er* hat | hatte | gehabt |
| halten | つかんでいる | *du* hältst<br>*er* hält | hielt | gehalten |
| heißen | （〜という）名である | *du* heißt<br>*er* heißt | hieß | geheißen |
| helfen | 助ける | *du* hilfst<br>*er* hilft | half | geholfen |
| kennen | 知っている | | kannte | gekannt |
| kommen | 来る | | kam | gekommen (*s*) |
| können<br>接2 könnte | 〜できる | *ich* kann<br>*du* kannst<br>*er* kann | konnte | können<br>〈gekonnt〉 |
| laden | 積む | *du* lädst<br>*er* lädt | lud | geladen |

| 不定詞 | | 不規則な現在形 | 過去基本形 | 過去分詞 |
|---|---|---|---|---|
| lassen | 置いておく | *du* lässt | ließ | gelassen |
| | | *er* lässt | | |
| lesen | 読む | *du* liest | las | gelesen |
| | | *er* liest | | |
| möchte(n) | ～したいと思う | *er* möchte | wollte で代用 | |
| müssen | ～しなければならない | *ich* muss | musste | müssen |
| 接2 müsste | | *du* musst | | 〈gemusst〉 |
| | | *er* muss | | |
| nehmen | 取る | *du* nimmst | nahm | genommen |
| | | *er* nimmt | | |
| raten | 忠告する | *du* rätst | riet | geraten |
| | | *er* rät | | |
| rufen | 呼ぶ | | rief | gerufen |
| schlafen | 眠る | *du* schläfst | schlief | geschlafen |
| | | *er* schläft | | |
| schreiben | 書く | | schrieb | geschrieben |
| schwimmen | 泳ぐ | | schwamm | geschwommen (*s*) |
| sehen | 見る | *du* siehst | sah | gesehen |
| | | *er* sieht | | |
| sein | ある | *ich* bin *wir* sind | war | gewesen (*s*) |
| 接2 wäre | | *du* bist *ihr* seid | | |
| | | *er* ist *sie* sind | | |
| singen | 歌う | | sang | gesungen |
| sitzen | すわっている | *du* sitzt | saß | gesessen |
| | | *er* sitzt | | |
| sollen | ～すべきだ | *ich* soll | sollte | sollen |
| 接2 sollte | | *du* sollst | | 〈gesollt〉 |
| | | *er* soll | | |
| sprechen | 話す | *du* sprichst | sprach | gesprochen |
| | | *er* spricht | | |
| springen | 跳ぶ | | sprang | gesprungen (*s*) |
| stehen | 立っている | | stand | gestanden |
| sterben | 死ぬ | *du* stirbst | starb | gestorben (*s*) |
| | | *er* stirbt | | |
| treffen | 会う | *du* triffst | traf | getroffen |
| | | *er* trifft | | |
| trinken | 飲む | | trank | getrunken |
| tun | する | | tat | getan |
| vergessen | 忘れる | *du* vergisst | vergaß | vergessen |
| | | *er* vergisst | | |
| waschen | 洗う | *du* wäschst | wusch | gewaschen |
| | | *er* wäscht | | |

| 不定詞 | | | 不規則な現在形 | | 過去基本形 | 過去分詞 |
|---|---|---|---|---|---|---|
| werden | なる | | *du* | wirst | wurde | geworden(*s*) |
| 接2 würde | | | *er* | wird | | 〈worden(*s*)（受動の助動詞）〉 |
| wissen | 知っている | | *ich* | weiß | wusste | gewusst |
| | | | *du* | weißt | | |
| | | | *er* | weiß | | |
| wollen | ～するつもりだ | | *ich* | will | wollte | wollen |
| 接2 wollte | | | *du* | willst | | 〈gewollt〉 |
| | | | *er* | will | | |

Photoquelle

S.39  Apotheke, Supermarkt, U-Bahnstation: ©Axel Harting
      Bushaltestelle: ©Megumi Kimura
      Café, Mensa, Kino: ©Reki Hayakawa
      Brunnen, Fischrestaurant: ©Ursula Shioji
      Kiosk: ©Mayumi Itayama
S.57  Raclette: ©iStockphoto.com/margouillatphotos
S.63  Bodensee: ©Oleksiy Mark/shuterstock.com
      Bundestag: ©frantic00/shuterstock.com
      Radtour: ©dolomite-summits/shuterstock.com
      Seestrand: ©Kzenon/shuterstock.com
      Ski: ©IM_photo/shuterstock.com
      Strandkorb: ©Jenny Sturm/shuterstock.com
      Wanderung: ©Juergen Wackenhut/shuterstock.com
      Windsurfing: ©Manninx/shuterstock.com

## 自己表現のためのドイツ語 1 〈プラス〉

2020 年 2 月 20 日　第 1 刷発行
2024 年 8 月 20 日　第 6 刷発行

著　者　　板山眞由美（いたやま まゆみ）

　　　　　塩路ウルズラ（しおじ うるずら）

　　　　　本河裕子（もとかわ ゆうこ）

　　　　　吉満たか子（よしみつ たかこ）

発行者　　前田俊秀

発行所　　株式会社 三修社

　　　　　〒 150-0001　東京都渋谷区神宮前 2-2-22
　　　　　TEL 03-3405-4511
　　　　　FAX 03-3405-4522
　　　　　振替 00190-9-72758
　　　　　https://www.sanshusha.co.jp
　　　　　編集担当　菊池　暁

印刷所　　日経印刷株式会社

©2020 Printed in Japan ISBN978-4-384-12303-6 C1084

表紙デザイン　　土橋公政
本文 DTP　　　　株式会社欧友社
本文イラスト　　中島聖子

# Farbkasten
# Deutsch 1 plus
# Arbeitsbuch

**SANSHUSHA**

**Lektion 1**

| 学部 | 学科 | 学籍番号 | 氏名 |
|------|------|----------|------|
|      |      |          |      |

**1.** Ergänzen Sie. 与えられた動詞から適当なものを選び下線部に入れ，会話を完成させてください。(S.9)

> ☐ bin  ☐ heiße  ☐ heißen  ☐ komme  ☐ kommen  ☐ sind
> ☐ spiele  ☐ spielen  ☐ studiere  ☐ studieren  ☐ wohne  ☐ wohnen

1) ○ Wie ........................... Sie?
   ● Ich ........................... Seiko Ogawa.

2) ○ Woher ........................... Sie?
   ● Ich ........................... aus Osaka.

3) ○ Wo ........................... Sie?
   ● Ich ........................... in Tokyo.

4) ○ Was ........................... Sie von Beruf?
   ● Ich ........................... Student.
   ○ Was ........................... Sie?
   ● Ich ........................... Medizin.

5) ○ Was ........................... Sie gern?
   ● Ich ........................... gern Basketball.

**2.** Wie heißt das auf Japanisch? 動詞の意味を書いてください。(S.9)

| Deutsch | Japanisch | Deutsch | Japanisch |
|---------|-----------|---------|-----------|
| heißen  |           | spielen |           |
| kommen  |           | studieren |         |
| sein    |           | wohnen  |           |

**3.** Ergänzen Sie. 与えられた疑問詞を下線部に入れ，会話を完成させてください。(S.9)

> ☐ was      ☐ wie      ☐ wo      ☐ woher

1) ○ ........................ kommen Sie?

   ● Ich komme aus Hiroshima.

2) ○ ........................ spielen Sie gern?

   ● Ich spiele gern Baseball.

3) ○ ........................ wohnen Sie?

   ● Ich wohne in Köln.

4) ○ ........................ heißen Sie?

   ● Ich heiße Seiko Ogawa.

5) ○ ........................ studieren Sie?

   ● Ich studiere Germanistik.


**4.** Wie heißt das auf Japanisch? 疑問詞の意味を書いてください。(S.9)

| Deutsch | Japanisch |
|---------|-----------|
| was |  |
| wie |  |
| wo |  |
| woher |  |

**Lektion 1**

| 学部 | 学科 | 学籍番号 | 氏名 |
|---|---|---|---|
|  |  |  |  |

**5.** Schreiben Sie. Was spielen Sie gern? それぞれの人物になったつもりで，例に習ってセリフを書いてください。(S.5)

Beispiel: Ich spiele gern Tennis.

1) 2) 3) 4)

**6.** Wie heißt das auf Deutsch? それぞれの飲み物の名前をドイツ語で書いてみましょう。(S.10)

1) 2) 3) 4)

5) 6) 7) 8)

**7.** Machen Sie neue Wörter. 例にならって与えられた語を組み合わせ，飲み物を表す単語を作ってみましょう。同じ語を複数回使っても構いません。(S.10)

☐ Kaffee  ☐ Milch  ☐ Oolong  ☐ Orangen  ☐ Reis
☐ Saft  ☐ Tee  ☐ Tomaten  ☐ Wein  ☐ weiß

Beispiel: ___Milch___ + ___Kaffee___ ➡ ___Milchkaffee___

1) ................................. + ................................. ➡ .................................
2) ................................. + ................................. ➡ .................................
3) ................................. + ................................. ➡ .................................
4) ................................. + ................................. ➡ .................................
5) ................................. + ................................. ➡ .................................

Disc2
ナチュラル
029
ゆっくり
030

**8.** Machen Sie einen Dialog und hören Sie den Dialog.
①与えられたセリフを書き入れ，会話を作ってください。(S.12)
②音声を聞いて，確認しましょう。

☐ Angestellte. Ich arbeite bei Adidas.  ☐ Ich lerne Deutsch.  ☐ Ange...?
☐ Ja, ich studiere Informatik. Und Sie?  ☐ Ach so.  ☐ In Köln.
☐ Entschuldigung, sind Sie Student?  ☐ Ich bin Angestellte.
☐ Was machen Sie in Deutschland?  ☐ Und wo?

○ .................................................................................................................
● .................................................................................................................
○ .................................................................................................................
● .................................................................................................................
○ .................................................................................................................
● .................................................................................................................
○ .................................................................................................................
● .................................................................................................................
○ .................................................................................................................
● .................................................................................................................

**Lektion 1**

提出日：　　月　　日（　　）

| 学部 | 学科 | 学籍番号 | 氏名 |
|---|---|---|---|
|  |  |  |  |

**9.** Ergänzen Sie.　表を完成させてください。(S.13)

| 職業 | 男性形 | 女性形 |
|---|---|---|
| 教師 |  |  |
|  | Kellner |  |
|  |  | Verkäuferin |
| 俳優／役者 |  |  |
|  | Arzt |  |
|  |  | Politikerin |
| 物理学者 |  |  |
|  | Schriftsteller |  |
|  |  | Komponistin |
| 会社員 |  |  |
|  |  | Tennisspielerin |
| サッカー選手 |  |  |
|  | Baseballspieler |  |
| 客室乗務員 |  |  |

**10.** Ergänzen Sie.　次の人物の職業は何ですか？　適当な語を入れ，自己紹介を完成させましょう。(S.13)

1) Ich heiße Kei Nishikori.　　　　Ich bin ................................................................ .

2) Ich heiße Marie Curie.　　　　Ich bin ................................................................ .

3) Ich heiße Barack Obama.　　　　Ich bin ................................................................ .

4) Ich heiße J. K. Rowling.　　　　Ich bin ................................................................ .

5) Ich heiße Suzu Hirose.　　　　Ich bin ................................................................ .

5

**11.** Schreiben Sie die Schlüsselwörter zu Ihrer Person und stellen Sie sich vor.　あなたの情報を書き入れましょう。またそれらのキーワードを使って自己紹介を書いてください。(S.13)

出身地：..................................................

職業：..................................................

居住地：..................................................

名前：..................................................

専攻：..................................................

好きな飲み物：..................................................

スポーツ／楽器：..................................................

..................................................

..................................................

..................................................

..................................................

**Lektion 2**

提出日：　　　月　　　日（　　）

| 学部 | 学科 | 学籍番号 | 氏名 |
|---|---|---|---|
| | | | |
| | | | |

**1.** Ergänzen Sie.　あいさつ表現の中から適当なものを選び，会話を完成させてください。(S.15)

☐ Danke, gut. Und Ihnen?　　☐ Wie geht es Ihnen?　　☐ Es geht.

☐ Sehr gut! Und dir?　　☐ Sind Sie müde?　　☐ Danke, auch gut.

☐ Ja, ich bin sehr müde.　　☐ Wie geht's?

1)　Hallo Julia!

.......................................

.......................................

.......................................

.......................................

2)　Guten Tag, Herr Grund!

.......................................

.......................................

.......................................

.......................................

3)　Ah, guten Tag, Frau Ogawa.

.......................................

.......................................

.......................................

**2.** Ergänzen Sie.　表を完成させましょう。(S.16)

| | 意味 | ich | du | Sie |
|---|---|---|---|---|
| sein | | | | sind |
| kommen | | komme | kommst | |
| heißen | | | heißt | |
| studieren | | | | studieren |
| sprechen* | | | sprichst | |

*不規則動詞 ➡ テキストS.16, 19

**3.** Ergänzen Sie. 適切な形で動詞を補ってください。(S.16)

1) ○ Wie _____ du?　　　● Ich heiße Seiko Ogawa.

2) ○ Woher _____ du?　　● Ich komme aus Kobe.

3) ○ Was _____ du?　　　● Ich bin Studentin.

4) ○ Was _____ du?　　　● Ich studiere Soziologie.

5) ○ Was _____ du gern?　● Ich spiele gern Tennis.

6) ○ Was _____ du gern?　● Ich trinke gern Apfelsaft.

**4.** Ordnen Sie. 枠内の語は lernen, studieren のどちらと一緒に使われるでしょうか？　分類してみましょう。テキスト 9 ページ（1 課）も参考にしてください。(S.16, 17)

☐ Anglistik　　☐ Betriebswirtschaft　　☐ Chinesisch　　☐ Deutsch

☐ Englisch　　☐ Französisch　　☐ Germanistik　　☐ Informatik

☐ Koreanisch　　☐ Medizin　　☐ Psychologie　　☐ Soziologie

| Ich lerne … | Ich studiere … |
|---|---|
| | |

**5.** Ergänzen Sie. 空所を補って，会話を完成させてください。(S.16)

1) ○ _____ Sie aus Tokyo?

● Nein, aus Osaka.

○ _____ Sie Student?

● Nein, ich _____ Angestellter.

○ Was _____ Sie in Deutschland?

● Ich _____ in Düsseldorf.

2) ○ _____ du aus Osaka?

● Nein, aus Kobe.

○ _____ du Student?

● Ja.

○ Was _____ du?

● Betriebswirtschaft.

○ _____ du Deutsch?

● Ja, ein bisschen.

**Lektion 2**

| 学部 | 学科 | 学籍番号 | 氏名 |
|------|------|----------|------|
|      |      |          |      |

**6.** Ergänzen Sie.　空所を補ってください。(S.17)

1) eins + drei + vier - zwei = ..................................

2) fünf + sechs - sieben + acht = ..................................

3) neun - sieben + drei + sechs = ..................................

4) zwei + fünf - drei + sieben + sechs = ..................................

5) vier　acht　zwölf　..................................　zwanzig　..................................

6) null　eins　drei　..................................　zehn fünfzehn　..................................

7) neunzig　fünfundneunzig　achtzig　..................................　siebzig　..................................

**7.** Fragen an Sie.　あなたへの質問です。(S.17)

1) ○ Wie ist Ihre Studentennummer*?　　　　　　　*e Studentennummer 学生番号
   ● Meine Studentennummer ist .................................. .

2) ○ Wie ist Ihre Handynummer*?　　　　　　　*e Handynummer 携帯番号
   ● Meine Handynummer ist .................................. .

3) ○ Wie alt sind Sie?
   ● Ich bin .................................. (Jahre alt) .

4) ○ Wie alt ist Ihr Vater/Ihre Mutter?
   ● Mein Vater ist .................................. . Meine Mutter ist .................................. .

5) ○ Schreiben Sie Ihre drei Lieblingszahlen!（好きな数を３つあげましょう）
   ● .................................. .................................. ..................................

**8.** Wie heißt das auf Deutsch?　ドイツ語で以下の数は何といいますか？(S.17)

1) 21 ..................................　　2) 35 ..................................

3) 62 ..................................　　4) 77 ..................................

5) 84 ..................................　　6) 100 ..................................

**9.** Seikos Familie　聖子の家族です。

① Ergänzen Sie.　1) ～ 8) の空所を補ってください。

② Hören Sie den Text und ergänzen Sie.　音声を聞いて，空所を補ってください。(S.18, 19)

Disc2
ナチュラル
031
ゆっくり
032

```
☐ Bruder      ☐ Großmutter   ☐ Großvater   ☐ Mutter
☐ Onkel       ☐ Schwester    ☑ Tante        ☐ Vater
```

Yoshio　　　　　　　Kuniko

1) .................................　　　　　　　2) .................................

Kohei　　　　Etsuko　　　　Ichiro　　　　Ryoko

3) .................................　4) .................................　5) .................................　6) _Tante_ .................

Koji　　　　　Tomoko　　　　Seiko

7) .................................　8) .................................

Mein Vater heißt Kohei. Er ist ................................................ .

Und meine Mutter heißt Etsuko. Sie ist ................................................ .

Mein Bruder ................................ Koji. Er ist ................................ .

Meine Schwester heißt Tomoko. Sie ist ................................ .

| 学部 | 学科 | 学籍番号 | 氏名 |
|---|---|---|---|
|  |  |  |  |

**10.** Oliver stellt seine Eltern vor. Ergänzen Sie und hören Sie die Vorstellungen.　オリヴァー
　　　が両親を紹介しています。空所を補ってから，音声を聞いて確認しましょう。(S.18, 19)

Disc2
ナチュラル
[033]
ゆっくり
[034]

**Name:** Hans Berger
**Alter:** 53
**Beruf:** Angestellter
**Wohnort:** Köln
**Hobby:** schwimmen
**Getränke:** Wein

Das ist mein ............................................................. .
Er ............................................................................ .
Er ist ......................................................................
und .................................... Jahre alt.
Er .................................... in Köln.
Er .................................... gern.
Er .................................... gern Wein.

**Name:** Inge Berger
**Alter:** 50
**Beruf:** Beamtin
**Wohnort:** Köln
**Hobby:** kochen, Filme sehen
**Getränke:** Tee

Das ist meine ............................................................ .
Sie ........................................................................... .
Sie ist ....................................................................
und .................................... Jahre alt.
Sie .................................... auch in Köln.
Sie .................................... gern und ...........................
auch gern Filme.
Sie .................................... gern Tee.

**11.** Ergänzen Sie die Tabelle.　表を完成させましょう。(S.16～19)

|  | 意味 | ich | du | Sie | er/sie |
|---|---|---|---|---|---|
| sein |  |  |  |  | ist |
| heißen |  | heiße |  |  |  |
| trinken |  |  |  |  | trinkt |
| sehen |  |  | siehst |  | sieht |
| fahren |  |  |  | fahren |  |

**12.** Was machen die Personen gern?　イラストの人物の趣味は何ですか？　下の表現を用いて作文しましょう。(S.18, 19)

☐ Auto fahren　☐ Filme sehen　☐ lesen　　　　☐ Musik hören
☐ Rad fahren　☐ schwimmen　☐ Volleyball spielen

1) ○ Was macht Seiko gern?
　 ● Sie .............................................................................................

2) ○ Was macht Oliver gern?
　 ● Er ..............................................................................................

3) ○ Was macht Herr Berger gern?
　 ● ................................................................................................

4) ○ Was macht Frau Berger gern?
　 ● ................................................................................................

5) ○ Was macht Herr Grund gern?
　 ● ................................................................................................

6) ○ Was macht Julia gern?
　 ● ................................................................................................

7) ○ Was macht Alain gern?
　 ● ................................................................................................

**Lektion 3**

提出日：　　月　　日（　　）

| 学部 | 学科 | 学籍番号 | 氏名 |
|------|------|----------|------|
|      |      |          |      |

**1.** Ergänzen Sie.　例にならって単語を書いてください。(S.21)

Beispiel:

1)

2)

3)

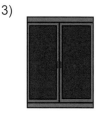

...... *das Sofa* ......

4)

5)

6)

7)

8)

9)

10)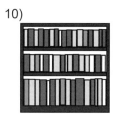

11)

Disc2
ナチュラル
**035**
ゆっくり
**036**

**2.** Bringen Sie die Sätze in die richtige Reihenfolge und danach hören Sie den Dialog.　会話になるよう文を並び替えてください。答えは音声で確認しましょう。(S.22)

a) Ja, aber haben Sie vielleicht noch eine Tischlampe?

b) Das Zimmer ist schön! Ein Bett, ein Tisch, ein Stuhl, ein Schrank und ein Bücherregal.

c) Ach ja, natürlich.

d) So, das ist Ihr Zimmer. Nicht groß, aber gemütlich.

e) Ja, alles ist da.

**3.** Ergänzen Sie. 例にならって単語を書いてください。(S.23)

Beispiel:

*die Vase*

1)

.................................

2)

.................................

3)

.................................

4)

.................................

5)

.................................

**4.** Was ist das? 例にならって文で答えてください。(S.22, 23)

Beispiel:

*Das ist eine Tischlampe.*

1)

2)

3)

4)

5)

6)

7)

1) .............................................................................................................................

2) .............................................................................................................................

3) .............................................................................................................................

4) .............................................................................................................................

5) .............................................................................................................................

6) .............................................................................................................................

7) .............................................................................................................................

**Lektion 3**

| 学部 | 学科 | 学籍番号 | 氏名 |
|---|---|---|---|
| | | | |

**5.** Fragen und antworten Sie.　例にならって質問と答えを書いてください。(S.23)

| | Frage | Antwort |
|---|---|---|
| | Hast du eine Vase? | Ja, ich habe eine Vase. |
| | Hast du einen Papierkorb? | Nein, ich habe keinen Papierkorb. |
| 1) | | |
| 2) | | |
| 3) | | |
| 4) | | |
| 5) | | |
| 6) | | |
| 7) | | |

*15*

**6.** Das ist Roberts Traumzimmer. Was hat er? Beschreiben Sie das Zimmer.　ローベルトの
夢の部屋です。ローベルトになったつもりで，何があるか説明してください。(S.22, 23)

Mein Zimmer ist groß und gemütlich.

Ich habe ein Bett, ..............................................................................................................

.........................................................................................................................................


**7.** Was haben Sie in Ihrem Zimmer? Was haben Sie nicht?　あなたの部屋には何があります
か？　何がありませんか？(S.22, 23)

①あなたの部屋にある物とない物を，３つずつリストに書き込みましょう。

②リストに沿って，「私は〜を持っている」「私は〜を持っていない」と作文しましょう。

| 部屋にある物 | |
|---|---|
| 部屋にない物 | |

Ich habe ................................................., .............................................und

............................................................................................. .

Aber ich habe ..............................................., .............................................und

............................................................................................. .

**Lektion 3**

| 学部 | 学科 | 学籍番号 | 氏名 |
|---|---|---|---|
| | | | |

**8.** Wie heißt das auf Deutsch?　ドイツ語では何と言いますか？　名詞の性がわかるよう，*r* / *e* / *s* をつけて書いてください。(S.24)

| Japanisch | Deutsch | Japanisch | Deutsch |
|---|---|---|---|
| 街 | *e* Stadt | パン屋 | |
| 喫茶店 | | スーパー | |
| 薬局 | | 携帯ショップ | |
| 郵便局 | | 映画館 | |
| 本屋 | | 銀行 | |

**9.** Was passt zusammen?　関連のある語を線で結んでください。(S.33, 34)

*e* Apotheke　　　　　·　　　　　·　*s* Brötchen

*e* Bank　　　　　·　　　　　·　Briefmarken (*pl*)

*e* Bäckerei　　　　　·　　　　　·　*s* Buch

*e* Buchhandlung　·　　　　　·　*s* Geld

*s* Café　　　　　·　　　　　·　*r* Film

*s* Kino　　　　　·　　　　　·　*s* Handy

*e* Post　　　　　·　　　　　·　*s* Mineralwasser

*r* Handyshop　　·　　　　　·　eine Tasse Kaffee

*r* Supermarkt　　·　　　　　·　*s* Aspirin

**10.** Ergänzen Sie.　例にならって文を完成させてください。(S.34, 35)

Beispiel: Ich brauche Briefmarken. Ist hier in der Nähe ......... *eine Post* ......... ?

1) Ich brauche Mineralwasser. Ist hier in der Nähe .................................... ?

2) Ich brauche Geld. Ist hier in der Nähe .................................... ?

3) Ich brauche Brötchen. Ist hier in der Nähe .................................... ?

4) Ich brauche ein Wörterbuch. Ist hier in der Nähe .................................... ?

5) Ich brauche ein Aspirin. Ist hier in der Nähe .................................... ?

**11.** Ergänzen Sie.　適切な冠詞を選び下線部に入れてください。(S.24)

☐ das　　☐ der　　☐ die　　☐ ein　　☐ ein　　☐ eine

1) ○ Ist hier in der Nähe ........................................ Café?
   ● Ja, ........................................ Café Blau ist gleich um die Ecke.

2) ○ Ist hier in der Nähe ........................................ Buchhandlung?
   ● Ja.
   ○ Wie heißt ........................................ Buchhandlung?
   ● „Heine-Buchhandlung."

3) ○ Ist hier in der Nähe ........................................ Supermarkt?
   ● Ja, ........................................ Supermarkt heißt „EDEKA".

**12.** Ergänzen Sie.　適切な前置詞と定冠詞の組み合わせを選び，下線部に入れてください。(S.25)

☐ auf die　　☐ in den　　☐ in die　　☐ ins

Seiko geht heute ........................................ Stadt. Sie braucht Geld und geht zuerst

........................................ Bank. Dann geht sie ........................................ Bäckerei und kauft Brötchen.

Sie geht dann ........................................ Supermarkt. Sie braucht Shampoo.

Danach geht sie noch ........................................ Café und trinkt eine Tasse Kaffee.

**13.** Ergänzen Sie.　文を完成させてください。(S.25)

1) Seiko geht ........................................ . Sie trinkt eine Tasse Kaffee.

2) Oliver geht ........................................ . Er kauft Brötchen.

3) Frau und Herr Berger gehen ........................................ .
   Sie sehen einen Film von Akira Kurosawa.

4) Julia geht ........................................ . Sie braucht Briefmarken.

5) Alain geht ........................................ . Er braucht Geld.

**Lektion 4**

提出日： 　　月　　日（　　）

| 学部 | 学科 | 学籍番号 | 氏名 |
|---|---|---|---|
|  |  |  |  |

**1.** Was passt? Schreiben Sie. それぞれの絵に合う語句を下から選び，書き入れてください。
(S.27)

> ☐ das Auto waschen ☐ eine E-Mail schreiben ☐ ein Eis essen
> ☐ eine Pause machen ☐ in der Bibliothek lernen ☐ Vokabeln lernen

1)

_____

2)

_____

3)

_____

4)

_____

5)

_____

6)

_____

**2.** Was muss Seiko machen? Was möchte Seiko machen? Benutzen Sie die Verben aus Übung 1. 聖子は何をしなければなりませんか？　何をしたいですか？　例にならって，**1.** にある語句を使い書いてください。(S.29)

| ☹ | ☺ |
|---|---|
| Seiko muss Vokabeln lernen. | Seiko möchte ein Eis essen. |
|  |  |

**3.** Rekonstruieren Sie den Dialog und hören Sie dann den Text. 与えられたセリフを書き入れ，会話を作ってください。その後で音声を聞いて確認しましょう。(S.28)

☐ Schade, Jan und ich möchten Kaffee trinken gehen.   ☐ Nein, das geht nicht.
☐ Ach, Julia! Ich muss bis morgen einen Aufsatz schreiben.
☐ Du Seiko, was machst du denn?                    ☐ Kaffee? Dann ja!
☐ Du lernst immer. Willst du nicht mal eine Pause machen?

**4.** Ergänzen Sie die Tabelle und schreiben Sie die Bedeutung auf Japanisch in die Klammern. 表を完成させましょう。（　）の中には意味を書きましょう。

|  | machen (　　　) | arbeiten (　　　) | gehen (　　　) | möchte(n) (　　　) | müssen (　　　) |
|---|---|---|---|---|---|
| ich |  |  |  |  |  |
| du |  |  |  |  |  |
| Sie |  |  |  |  |  |
| er/sie/es |  |  |  |  |  |
| wir |  |  |  |  |  |
| ihr |  |  |  |  |  |
| sie |  |  |  |  |  |

**Lektion 4**

| 学部 | 学科 | 学籍番号 | 氏名 |
|------|------|----------|------|
|      |      |          |      |

**5.** ① Was macht Seiko in ihrer Freizeit?　聖子は余暇に何をしますか？　例にならって，文を
書いてください。(S.28)

Beispiel: ins Kino gehen　➡　*Seiko geht ins Kino.*

1) einen Film sehen　　➡　.........................................................

2) eine E-Mail schreiben　➡　.........................................................

3) japanisch essen　　➡　.........................................................

4) Klavier spielen　　➡　.........................................................

5) Auto fahren　　　➡　.........................................................

② Was möchte Seiko am Wochenende machen? Benutzen Sie die Verben aus ①.
聖子は週末に何をしたいですか？　①の文を例にならって，書き換えてください。(S.29)

Beispiel:　.....*Seiko möchte ins Kino gehen.*............................

1) .........................................................................................

2) .........................................................................................

3) .........................................................................................

4) .........................................................................................

5) .........................................................................................

**6.** Schreiben Sie Dialoge.　例にならって，会話を書いてください。(S.28, 29)

Beispiel:　ins Kino gehen – für einen Test lernen
○ *Ich möchte ins Kino gehen. Möchtest du auch ins Kino gehen?*
● *Nein, das geht nicht. Ich muss für einen Test lernen.*

1) Eis essen – Vokabeln lernen

○ .............................................................................................................................

● .............................................................................................................................

2) in den Klub gehen – in der Bibliothek lernen

○ .............................................................................................................................

● .............................................................................................................................

3) ins Schwimmbad gehen – das Auto waschen

○ .............................................................................................................................

● .............................................................................................................................

4) Tennis spielen – Hausaufgaben machen

○ .............................................................................................................................

● .............................................................................................................................

5) Musik hören – für einen Test lernen

○ .............................................................................................................................

● .............................................................................................................................

6) ins Fitnessstudio gehen – einen Aufsatz schreiben

○ .............................................................................................................................

● .............................................................................................................................

**Lektion 4**

提出日：　　　月　　　日（　　）

| 学部 | 学科 | 学籍番号 | 氏名 |
|---|---|---|---|
|  |  |  |  |

**7.** Ergänzen Sie die Tabelle und schreiben Sie die Bedeutung auf Japanisch in die Klammern. 表を完成させてください。（ ）の中には, 日本語の意味を書いてください。(S.30)

| dürfen （　　　　　　　　）| |
|---|---|
| ich | wir |
| du *darfst* | ihr |
| Sie *dürfen* | Sie |
| er/sie/es *darf* | sie |

**8.** Darf man das oder darf man das nicht? Machen Sie Sätze. 例にならって, 何をしてよいのか, してはいけないのかを書いてください。(S.31)

Beispiel: im Konzert / Eis essen　➡　*Im Konzert darf man nicht Eis essen.*

1) im Kino / Popcorn essen　➡　...............................................................

2) mit 20 Jahren* / Bier trinken　➡　...............................................................

3) im Klassenzimmer / rauchen　➡　...............................................................

4) zu Hause / Musik machen　➡　...............................................................

*20 歳になったら

**9.** Was bedeuten die Schilder? 例にならって, 標識の意味を書いてください。(S.31)

Beispiel:

*Hier darf man nicht Eis essen.*

1) 　2) 　3) 　4)

1) ...............................................................

2) ...............................................................

3) ...............................................................

4) ...............................................................

23

**10.** Tills Termine. Was möchte Till machen, was muss er machen?　メモに沿って，Till はいつ
何をしたいのか，また何をしなければならないのか書いてください。(S.30, 31)

| Wann? | Was? |
|---|---|
| 8.00 Uhr | in die Universität gehen |
| 9.00 – 12.00 Uhr | Deutsch lernen |
| 14.00 – 16.00 Uhr | Badminton spielen |
| 17.00 – 21.00 Uhr | jobben |

Um 8 Uhr muss Till in die Universität gehen.

Von 9 bis 12 Uhr muss er

**11.** ① Und Ihre Termine? Was möchten Sie machen? Was müssen Sie machen?　あなたの
一日の予定を **10.** のメモにならって，書いてください。(S.30, 31)

| Wann? | Was? |
|---|---|
| | |
| | |
| | |
| | |

② Was möchten Sie machen? Was müssen Sie machen?　上の表にしたがって，あなた
の一日について，書いてください。(S.30, 31)

24

**Lektion 5**

| 学部 | 学科 | 学籍番号 | 氏名 |
|---|---|---|---|
|  |  |  |  |
|  |  |  |  |

**1.** Ergänzen Sie. 　聖子のカレンダー（テキスト 33 ページ）を参考にして, 空所を補いましょう。

1) ○ Was hat Seiko diese Woche vor?

   ● Am _____, Dienstag, _____ und

   Freitag _____ sie Deutsch.

2) ○ Was macht sie am Montagabend?

   ● Sie _____ ins Kino.

3) ○ Was macht sie am Dienstagnachmittag?

   ● Sie _____ _____.

4) ○ Was macht sie am Mittwoch?

   ● Sie _____ mit Julia _____.

5) ○ Was macht sie am Donnerstagabend?

   ● Sie _____ _____ _____.

6) ○ Was macht sie am Freitagnachmittag?

   ● Sie _____ die Wäsche.

Disc2
ナチュラル
039
ゆっくり
040

**2.** Hören Sie den Dialog und ergänzen Sie. 　音声を聞いて空所を補ってください。(S.34)

Julia 　: Du Seiko, was hast du am Freitag Abend vor?

Seiko : Ich _____ noch keine _____.

Julia 　: Wollen wir ins _____ gehen?

Seiko : Ja, _____. Ich _____ mit.

　　　　　Wann beginnt der _____?

Julia 　: Um _____ Uhr.

Seiko : Und _____?

Julia 　: Im Cinedom.

**3.** Was haben Sie am Wochenende vor?　週末の予定を言いましょう。* 印のついた動詞は分離動詞です。(S.34)

Beispiel: schwimmen gehen　➡　*Ich gehe schwimmen.*

1) ins Konzert gehen　➡　..........................................................................

2) mein Zimmer aufräumen*　➡　..........................................................................

3) ins Museum gehen　➡　..........................................................................

4) Freunde treffen　➡　..........................................................................

5) fernsehen*　➡　..........................................................................

6) einkaufen*　➡　..........................................................................

7) zu Hause bleiben　➡　..........................................................................

8) einen Ausflug machen　➡　..........................................................................

9) jobben　➡　..........................................................................

10) in die Stadt gehen　➡　..........................................................................


**4.** Machen Sie Dialoge.　会話を完成させましょう。(S.34, 35)

Beispiel: ○　*Was hast du am Wochenende vor?*　(am Wochenende)

● *Ich gehe ins Konzert* .　(ins Konzert gehen)　*Kommst du mit* ?

○ *Ja, gern* !

1) ○ Was ....................................................................? (am Samstagnachmittag)

● .................................................................... . (in die Stadt gehen)

Kommst ....................................?

○ Nein, ich möchte lieber* zu Hause bleiben.　　*より好んで（gernの比較級）

2) ○ Was ....................................................................? (am Sonntag)

● .................................................................... . (einen Ausflug machen)

.................................... mit?

○ Ja, ....................................!

3) ○ Was ....................................................................? (am Freitagabend)

● .................................................................... . (Freunde treffen)

.................................... du ....................................?

○ Nein, .................................................................... . (lieber ins Kino gehen)

26

**Lektion 5**

| 学部 | 学科 | 学籍番号 | 氏名 |
|---|---|---|---|
| | | | |

**5.** Ergänzen Sie. 例にならって空所を補ってください。(S.36, 37)

> ☐ hässlich ☐ interessant ☐ langweilig ☐ originell ☐ praktisch
> ☐ schön ☐ schrecklich ☐ toll ☐ unpraktisch

Beispiel: ○ Wie findest du den Kugelschreiber?

● Er ist ___praktisch___ . （便利だ）

1) ○ Wie findest du ....................................................?

● ...................... ist ...................... . （素敵だ）

2) ○ Wie findest du ....................................................?

● ...................... ist ...................... . （格好悪い）

3) ○ Wie findest du ....................................................?

● Ich finde ...................... . （面白い）

4) ○ Wie findest du ....................................................?

● Ich finde ...................... . （独特だ）

5) ○ Wie findest du ....................................................?

● Ich finde ...................... . （すごい）

**6.** Ergänzen Sie die Pronomen. 空所に人称代名詞を書き入れましょう。(S.36, 37)

| | | 1 格（〜は） | 4 格（〜を） |
|---|---|---|---|
| 1 人称 | | ...................... | mich |
| 2 人称 | 親称 | ...................... | dich |
| | 敬称 | ...................... | Sie |
| 3 人称 | 男性 | er | ...................... |
| | 女性 | ...................... | sie |
| | 中性 | es | ...................... |

**7.** Der/die/das? Ordnen Sie die Wörter.　枠内の単語を der/die/das のグループに分けましょ
う。(S.37)

☐ Armbanduhr　☐ Heft　☐ Hemd　☐ Hose　☑ Jacke　☐ Kleid　☑ Kugelschreiber
☐ Mäppchen　☑ Portemonnaie　☐ Pullover　☐ Rock　☐ Smartphone　☐ Tasche

| der | die | das |
|---|---|---|
| Kugelschreiber | Jacke | Portemonnaie |

**8.** Ergänzen Sie.　例にならって空所を補ってください。(S.36, 37)

Beispiel:　Kugelschreiber / praktisch

　　　　○　*Wie findest du den Kugelschreiber?*
　　　　●　*Ich finde ihn praktisch.*

1) Mäppchen / originell

　○ ......................................................................................................................?
　● .......................................................................................................................

2) Armbanduhr / schön

　○ ......................................................................................................................?
　● .......................................................................................................................

3) Pullover / hässlich

　○ ......................................................................................................................?
　● .......................................................................................................................

4) Portemonnaie / unpraktisch

　○ ......................................................................................................................?
　● .......................................................................................................................

5) Smartphone / toll

　○ ......................................................................................................................?
　● .......................................................................................................................

**Lektion 6**

提出日： 月 日（ ）

| 学部 | 学科 | 学籍番号 | 氏名 |
|------|------|----------|------|
|      |      |          |      |

**1.** Fragen und antworten Sie. 例にならって，「（いつ）に〜する気ある？」と誘い，またそれに答えてください。(S.40)

| | Frage | Antwort |
|---|---|---|
| Beispiel | am Montag / schwimmen gehen<br>**Hast du Lust, am Montag schwimmen zu gehen?** | ☺ Ja, gern!<br>☹ Nein, ich habe keine Lust. |
| 1) | am Wochenende（週末に）/ einen Ausflug machen | ☺ |
| 2) | heute（今日）/ in die Stadt gehen | ☹ |
| 3) | morgen（明日）/ ein Picknick machen | ☺ |
| 4) | am Samstag / eine Radtour machen | ☹ |
| 5) | jetzt（今から）/ spazieren gehen | ☺ |
| 6) | am Donnerstag / ins Konzert gehen | ☹ |

**2.** Wo ist Robert? ローベルトはどこにいますか？ 前置詞を使って答えてください。(S.41)

1)

2)

3)

4)

5)

6)

| | |
|---|---|
| 1) | Er ist |
| 2) | |
| 3) | |
| 4) | |
| 5) | |
| 6) | |

**3.** Wo treffen wir uns? どこで待ち合わせをしましょう？ (S.41)

Beispiel: 花屋の前で  ：  *Wir treffen uns vor dem Blumengeschäft.*

1) 携帯ショップの中で ：

2) バス停で ：

3) 駅で ：

4) 噴水のところで ：

5) 映画館の前で ：

6) 本屋の中で ：

**Lektion 6**

提出日：　　　月　　　日（　）

| 学部 | 学科 | 学籍番号 | 氏名 |
|------|------|----------|------|
|      |      |          |      |

**4.** Was bringst du mit?　何を持って行きますか？　例にならって答えを書いてください。(S.42)

Beispiel:

Ich bringe Äpfel mit.

1)

2)

3)

4)

5)

6)

7)

Disc2
ナチュラル
041
ゆっくり
042

**5.** Hören Sie den Dialog und ergänzen Sie.　音声を聞いて，下線部に単語を入れてください。
(S.42)

Und um wie viel Uhr?

Um ..................... Uhr.

Und was soll ich denn mitbringen?

Moment, ... Seiko bringt ..................... und ..................... mit.
Alain will ..................... und ..................... mitbringen
und ich bringe ..................... und ..................... mit.

Dann kann ich ..................... machen.
Ich habe auch ..................... aus Italien.

**6.** Ergänzen Sie.　単数形と複数形の表を完成させてください。(S.42)

| Singular | Plural | Singular | Plural |
|---|---|---|---|
| r Apfel | | | Eier |
| | Bananen | e Orange | |
| s Brot | | | Säfte |
| | Birnen | r Salat | |
| s Bonbon | | | Kekse |

**7.** ① Was macht Seiko am Wochenende? Erzählen Sie als Seiko.　下の予定表を見て，聖子になったつもりで週末の予定を書いてください。(S.43)

| Samstag | Sonntag |
|---|---|
| Vormittag :<br>　meine Wäsche waschen<br>　mein Zimmer aufräumen<br>Nachmittag<br>　16.30 : vor dem Kino<br>　　Julia treffen<br>　zu Abend essen | mit Alain einen Ausflug nach Bonn machen<br>10.30 : vor dem Bahnhof treffen<br>　　am Kiosk Mineralwasser kaufen<br>in Bonn: zu Mittag essen<br>　　spazieren gehen<br>　　das Beethoven-Haus besichtigen* |

*das Beethoven-Haus besichtigen ベートーベンの生家を見学する

Am Samstagvormittag ........................... ich meine ........................... und ...........................

mein ...........................　........................... .

Am Nachmittag um 16 Uhr 30 ........................... ich Julia ...........................　...........................

........................... . Nach dem Film* ........................... wir ........................... .

*nach dem Film 映画の後

Am Sonntag ........................... ich mit Alain einen ........................... nach ........................... .

Um ........................... Uhr ........................... wir uns ...........................

...........................　........................... .

Ich muss ...........................　........................... Mineralwasser ...........................!

In Bonn ...........................　wir ........................... und ...........................

spazieren. Wir möchten auch das Beethoven-Haus ........................... .

② Hören Sie den Text und checken Sie.　音声を聞いて確認しましょう。

**Lektion 7**

| 学部 | 学科 | 学籍番号 | 氏名 |
|---|---|---|---|
| | | | |

**1.** Was passt zusammen? Verbinden Sie Infinitiv und Partizip.　不定詞と過去分詞を線で結んでください。(S.45)

trinken　　　　　・　　　　　・ telefoniert

lernen　　　　　・　　　　　・ gegangen

telefonieren　・　　　　　・ gehört

essen　　　　　・　　　　　・ gelernt

gehen　　　　　・　　　　　・ gegessen

hören　　　　　・　　　　　・ getrunken

**2.** Was hat Seiko gemacht?　絵を見て，文を完成させてください。(S.45)

1)  Sie hat chinesisch ......................................................... .

2)  Sie hat Deutsch ......................................................... .

3)  Sie ist in den Klub ......................................................... .

4)  Sie hat Musik ......................................................... .

5)  Sie hat Cola ......................................................... .

6)  Sie hat mit der Oma ......................................................... .

**3.** ① Ergänzen Sie.　ユーリアと聖子の会話を完成させてください。(S.46)

Hast du gestern Deutsch ............................?

Ja, am Vormittag habe ich Deutsch .............................

............................ du gestern Sushi ............................?

Nein, ich ............................ Pizza .............................

............................ du gestern Hausaufgaben ............................?

Natürlich! Am Nachmittag .............................

② Julia erzählt.　ユーリアの話を完成させてください。

Gestern hat Seiko viel gemacht. Sie ............................ am Vormittag
Deutsch ............................. Um 12 Uhr ............................ sie mit Oliver Pizza ............................
und einen Kaffee ..............................
Am Nachmittag ............................ sie Hausaufgaben ..............................
Am Abend ............................ sie für einen Test gelernt.

**4.** Ergänzen Sie die Tabelle.　表を完成させてください。(S.46, 48)

| | haben | + | 過去分詞 | | sein | + | 過去分詞 |
|---|---|---|---|---|---|---|---|
| ich | | | gelernt | ich | | | gefahren |
| du | | | gehört | du | | | losgefahren |
| er/sie/es | | | gearbeitet | er/sie/es | | | gekommen |
| wir | | | gegessen | wir | | | mitgekommen |
| ihr | | | getrunken | ihr | | | angekommen |
| sie | | | telefoniert | sie | | | |

**Lektion 7**

提出日：　　　月　　　日（　　）

| 学部 | 学科 | 学籍番号 | 氏名 |
|---|---|---|---|
|  |  |  |  |

**5.** Finden Sie die Partizipien und schreiben Sie die Bedeutung der Verben dazu.　過去分詞と意味を書き入れてください。* がついている動詞の現在完了形は sein と過去分詞を用いて作られます。(S.47)

| 不定詞 | 過去分詞 | 意味 |
|---|---|---|
| kaufen | *gekauft* | 買う |
| rauchen |  |  |
| spielen |  |  |
| lernen |  |  |
| putzen |  |  |
| tanzen |  |  |
| hören |  |  |
| machen |  |  |
| jobben |  |  |
| duschen |  |  |

| 不定詞 | 過去分詞 | 意味 |
|---|---|---|
| lesen | *gelesen* |  |
| sehen |  |  |
| waschen |  |  |
| fahren* |  |  |
| kommen* |  |  |

| 不定詞 | 過去分詞 | 意味 |
|---|---|---|
| trinken | *getrunken* |  |
| singen |  |  |
| schreiben | *geschrieben* |  |
| bleiben* |  |  |
| sprechen | *gesprochen* |  |
| treffen |  |  |
| gehen* |  |  |

| 不定詞 | 過去分詞 | 意味 |
|---|---|---|
| aufräumen | *aufgeräumt* |  |
| einkaufen |  |  |

| 不定詞 | 過去分詞 | 意味 |
|---|---|---|
| telefonieren | *telefoniert* |  |
| studieren |  |  |

| 不定詞 | 過去分詞 | 意味 |
|---|---|---|
| fernsehen | *ferngesehen* |  |
| losfahren* |  |  |
| ankommen* |  |  |
| mitkommen* |  |  |
| ausgehen* |  |  |

Disc2
ナチュラル
045
ゆっくり
046

**6.** Schreiben Sie die Geschichte um. Benutzen Sie das Perfekt. Hören Sie den Text und checken Sie. 現在完了形を使って，書き換えてください。また，音声を聞いて確認しましょう。
(S.46 ～ 49)

Am Sonntag machen Alain, Seiko, Julia, Monika und Sven ein Picknick. Am Samstag kauft Alain Saft, Wasser und Bier. Seiko macht einen Obstsalat. Am Sonntag um 10 Uhr trifft Alain die Freunde am Neumarkt. Um 10 Uhr 30 fahren alle zusammen los. Um 11 Uhr 15 kommen sie im Stadtwald an. Um 12 Uhr essen sie zu Mittag. Dann spielen sie Fußball. Um 18 Uhr fahren sie nach Hause.

*Am Sonntag haben Alain, Seiko, Julia, Monika und Sven ein Picknick gemacht.*

..............................................................................................................................................

..............................................................................................................................................

..............................................................................................................................................

..............................................................................................................................................

**7.** Wohin ist Seiko gegangen? 例にならって，文を書いてください。(S.48)

Beispiel:

*Seiko ist in die Bibliothek gegangen.*

1)

..............................................................................................................................................

2)

..............................................................................................................................................

3)

..............................................................................................................................................

4)

..............................................................................................................................................

5) Waschsalon

..............................................................................................................................................

6)

*Seiko* .......................... *auf* ..........................

36

**Lektion 8**

| 学部 | 学科 | 学籍番号 | 氏名 |
|------|------|----------|------|
|      |      |          |      |

**1.** Was passt?　テクストを読み，その内容に合うイラストと結びつけてください。(S.51)

1)　Zu Weihnachten feiert man den Geburtstag des Christkindes.

a)

2)　Draußen ist es kalt und dunkel.

3)　Drinnen ist es warm und die Kerzen am Weihnachtsbaum brennen hell.

b)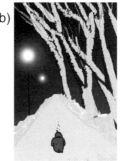

c)

4)　Man trinkt Glühwein und isst Lebkuchen und Plätzchen.

5)　Am 6. Dezember kommt der Nikolaus! Brave Kinder bekommen ein kleines Geschenk. Unartige Kinder bekommen die Rute.

d)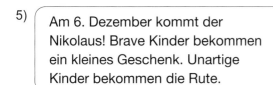

6)　Am 24. Dezember ist Heiligabend. Viele Leute gehen an Heiligabend in die Kirche. Danach feiert man unter dem Weihnachtsbaum.

e)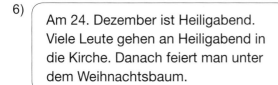

7)　Man schenkt anderen etwas und bekommt selbst Geschenke.

f)

g)

解答欄

1)　➡　　............　　2)　➡　　............

3)　➡　　............　　4)　➡　　............

5)　➡　　............　　6)　➡　　............

7)　➡　　............

**2.** Ordnen Sie. 下の食べ物や飲み物は，どのように売られていますか？　書き入れましょう。
複数回使う語もあります。(S.52)

☐ Äpfel　　☐ Bier　☐ Bonbons　☐ Glühweingewürz　　☐ Eier

☐ Honig　　☐ Käse　☐ Kekse　　☐ Kerzen　　☐ Mandeln

☐ Marmelade　☐ Mehl　☐ Milch　　☐ Nüsse　　☐ Orangen

☐ Rosinen　　☐ Tee　☐ Thunfisch　☐ Tomaten　　☐ Wein　☐ Wurst

| eine Packung | |
|---|---|
| eine Dose | |
| eine Flasche | |
| ein Glas | |
| eine Tüte | |
| 1 Kilo | |
| 100 Gramm | |

Disc2
ナチュラル
**047**
ゆっくり
**048**

**3.** Was braucht Seiko? Hören Sie.　音声を聞いて，聖子のセリフを完成させてください。それ
ぞれの下線部には一語ずつ入ります。(S.52)

Wohin musst du denn noch gehen?

In den Supermarkt. Ich brauche ............................. ............................. .............................,
............................. und ............................. ............................. ............................. ............................. ............................., ............................. ............................. .............................,
............................. und ............................. ............................. ............................. .

38

| 学部 | 学科 | 学籍番号 | 氏名 |
|---|---|---|---|
|  |  |  |  |

**4.** Ergänzen Sie.　与えられた語から選び下線部に入れ，会話を完成させましょう。(S.54)

☐ ihnen　　　　☐ deiner Familie　　　☐ deiner Familie
☐ meinem Vater　☐ meiner Mutter　　　☐ meinen Eltern

Was schenkst du ........................................................?

Ich schenke .................................................... ein Parfüm
und .................................................... eine Krawatte.
Aber das darfst du ....................................................
nicht verraten, okay?

Ja, Ehrenwort!

Und was schenkst
du ....................................................?

Wir feiern in Japan nicht so richtig Weihnachten.
Aber ich will .................................................... Lebkuchen schicken.

**5.** Ergänzen Sie.　表を完成させてください。

| 1 格（〜は） | 3 格（〜に） | 1 格（〜は） | 3 格（〜に） |
|---|---|---|---|
| mein Vater |  |  | deinem Vater |
|  | meiner Mutter | deine Mutter |  |
| meine Eltern |  |  | deinen Eltern |
| sie（単数） |  | sie（複数） |  |
| er |  |  |  |

**6.** Machen Sie Dialoge.　例にならって，会話を作りましょう。(S.55)

Beispiel: Mutter / s Parfüm
- ○ Was schenkst du deiner Mutter?
- ● Ich schenke ihr ein Parfüm.

1) Vater / r Kalender
- ○ .............................................................................
- ● .............................................................................

2) Freundin / r Teddybär
- ○ .............................................................................
- ● .............................................................................

3) Bruder / e Armbanduhr
- ○ .............................................................................
- ● .............................................................................

4) Schwester / e Tasche
- ○ .............................................................................
- ● .............................................................................

5) Großvater / r Pullover
- ○ .............................................................................
- ● .............................................................................

6) Freund / s Kochbuch
- ○ .............................................................................
- ● .............................................................................

7) Großmutter / r Schal
- ○ .............................................................................
- ● .............................................................................

8) Eltern / e CD
- ○ .............................................................................
- ● .............................................................................

**Lektion 9**

| 学部 | 学科 | 学籍番号 | 氏名 |
|---|---|---|---|
| | | | |

**1.** Ergänzen Sie. 与えられた語を入れ，会話を完成させましょう。(S.58)

> □ Brücke □ Champagner □ Feuerwerk □ Flasche
> □ Leute □ Mitternacht □ Neujahr □ Prost □ Sekt

Guck mal, so viele ............................. auf der ..............................!

Da kann man das ............................. am besten sehen.

Feuerwerk?

Ja, um ............................. macht man ein Feuerwerk.
Und oft wird auch eine .............................
............................. oder ............................. aufgemacht.

Aha. Jetzt geht's los! Prost .............................!

............................. Neujahr, Seiko!

**2.** Ergänzen Sie. 与えられた不定詞を入れ，日本語に合う不定詞句を完成させましょう。(S.58)

> □ aufräumen □ ausgehen □ geben □ gehen □ kochen □ sehen

1) パーティーをする
eine Party .............................

2) 友達と外出する
mit Freunden .............................

3) おせち料理を作る
die Neujahrsgerichte .............................

4) テレビで大晦日の番組を見る
Silvesterprogramme im Fernsehen .............................

5) 住まいを片づける
die Wohnung .............................

6) 買い物に行く
einkaufen .............................

**3.** Machen Sie Dialoge. 例にならって，会話を作りましょう。 (S.59)

Beispiel: früher ➡ einkaufen gehen

dieses Jahr ➡ die Wohnung aufräumen

○ Was hast du früher an Silvester gemacht?

● <u>Früher bin ich einkaufen gegangen.</u>
<u>Aber dieses Jahr will ich die Wohnung aufräumen.</u>

1) früher ➡ die Wohnung aufräumen

dieses Jahr ➡ mit den Freunden ausgehen

○ Was hast du früher an Silvester gemacht?

● ........................................................................................

........................................................................................

2) früher ➡ mit den Freunden ausgehen

dieses Jahr ➡ die Neujahrsgerichte kochen

○ Was hast du früher an Silvester gemacht?

● ........................................................................................

........................................................................................

3) früher ➡ die Neujahrsgerichte kochen

dieses Jahr ➡ eine Party geben

○ Was hast du früher an Silvester gemacht?

● ........................................................................................

........................................................................................

4) früher ➡ eine Party geben

dieses Jahr ➡ Silvesterprgramme im Fernsehen sehen

○ Was hast du früher an Silvester gemacht?

● ........................................................................................

........................................................................................

**Lektion 9**

提出日：　　　月　　　日（　　）

| 学部 | 学科 | 学籍番号 | 氏名 |
|---|---|---|---|
| | | | |

**4.** Ergänzen Sie.　与えられた不定詞を入れ，日本語に合う不定詞句を完成させましょう。(S.60)

☐ essen　☐ feiern　☐ kochen　☐ putzen　☐ schreiben　☐ trinken

1) 年賀状を書く　　　　　Neujahrskarten .................................................................
2) 餅を食べる　　　　　　Reisklöße .........................................................................
3) 住まいを掃除する　　　die Wohnung ....................................................................
4) おせち料理を作る　　　die Neujahrsgerichte ........................................................
5) 日本酒を飲む　　　　　Reiswein ..........................................................................
6) 新年を祝う　　　　　　Neujahr ............................................................................

**5.** Was macht man in Japan an Silvester und Neujahr? Schreiben Sie.　例にならい，man を主語にして，いつ何をするのか作文しましょう。(S.60)

Beispiel:  im Dezember / Neujahrskarten schreiben

➡　　*Im Dezember schreibt man Neujahrskarten.*

1) am Neujahrstag / Reisklöße essen

➡ ........................................................................................................................

2) am Jahresende / die Wohnung putzen

➡ ........................................................................................................................

3) am Jahresende / die Neujahrsgerichte kochen

➡ ........................................................................................................................

4) vor dem Frühstück / Reiswein trinken

➡ ........................................................................................................................

43

**6.** Ergänzen Sie. 受動態を作る助動詞 werden を人称変化させましょう。(S.61)

|  |  | 単数 | 複数 |
|---|---|---|---|
| 1 人称 |  | ich ........................... | wir **werden** |
| 2 人称 | 親称 | du ........................... | ihr ........................... |
|  | 敬称 | Sie **werden** | Sie **werden** |
| 3 人称 | 男性 | er ⎫ | sie ........................... |
|  | 女性 | sie ⎬ ........................... |  |
|  | 中性 | es ⎭ |  |

**7.** Schreiben Sie die Partizipien und die Bedeutung der Verben dazu. 過去分詞と意味を書き入れましょう。(S.61)

| 不定詞 | 過去分詞 | 意味 |
|---|---|---|
| essen |  |  |
| fern\|sehen |  |  |
| kochen |  |  |
| putzen |  |  |
| schreiben |  |  |
| trinken |  |  |

**8.** Ergänzen Sie. 下線部に適切な語を入れ，受動態の文を作りましょう。(S.61)

1) Im Dezember ........................... Neujahrskarten ........................... .

2) Am Jahresende ........................... die Wohnung ........................... .

3) Dann ........................... die Neujahrsgerichte ........................... .

4) Am Silvesterabend ........................... ........................... .

5) Am Neujahrstag ........................... Reisklöße ........................... .

6) An diesem Tag ........................... vor dem Frühstück Reiswein ........................... .

**Lektion 10**

提出日： 月 日 ( )

| 学部 | 学科 | 学籍番号 | 氏名 |
|------|------|----------|------|
|      |      |          |      |

**1.** Bilden Sie Sätze. 与えられた語を使い，例にならって作文しましょう。(S.63)

Beispiel: an den Bodensee fahren ➡ Ich fahre an den Bodensee.

1) nach Italien reisen ➡ ........................................................

2) eine Radtour machen ➡ ........................................................

3) Ski fahren ➡ ........................................................

4) am Strand spazieren gehen ➡ ........................................................

5) windsurfen ➡ ........................................................

6) ans Meer fahren ➡ ........................................................

7) in die Berge fahren ➡ ........................................................

8) Rad fahren ➡ ........................................................

**2.** Bringen Sie die Wörter in die richtige Reihenfolge. 下線部の単語を正しい順番に並べ替えましょう。(S.64)

Hast du schon alles?
1) Skibrille / du / deine / das / Mal / letzte / hast / doch / vergessen .

Keine Sorge! 2) eingepackt / habe / alles / ich .

Schade, 3) Seiko / mitfährt / nicht / dass .

Frau Berger

Ja, 4) hat / eine / sie / Woche / nächste / aber / Prüfung .

Ich weiß, 5) muss / da / sie / lernen / fleißig / jetzt .

Oliver

1) ................................................................................................ .

2) ................................................................................................ .

3) *Schade,* ........................................................................................ .

4) *Ja,* ............................................................................................. .

5) *Ich weiß,* ...................................................................................... .

**3.** Bilden Sie Sätze. 与えられた語を使い「私は〜を持っていく」と作文しましょう。(S.64)

Beispiel: *r* Koffer ➡ *Ich nehme einen Koffer mit.*

1) *r* Rucksack ➡ .................................................................................................

2) *s* Buch ➡ .................................................................................................

3) *r* Sonnenschutz ➡ .................................................................................................

4) *s* Smartphone ➡ .................................................................................................

5) *e* Mütze ➡ .................................................................................................

6) Skischuhe *pl* ➡ .................................................................................................

7) *r* Reiseführer ➡ .................................................................................................

8) Skisocken *pl* ➡ .................................................................................................

**4.** Finden Sie das schön oder schade? Schreiben Sie. それぞれの事柄について，あなたは どう思いますか？ 例にならって意見を言ってください。(S.65)

Beispiel: Seiko fährt nicht mit. ➡ *Schade, dass Seiko nicht mitfährt.*
Seiko fährt mit. ➡ *Schön, dass Seiko mitfährt.*

1) Das Wetter ist nicht gut.

➡ .................................................................................................

2) Oliver kann gut kochen.

➡ .................................................................................................

3) Seiko kommt nicht mit.

➡ .................................................................................................

4) Oma und Opa fahren nach Berlin.

➡ .................................................................................................

5) Wir können an den Bodensee fahren.

➡ .................................................................................................

## Lektion 10

| 学部 | 学科 | 学籍番号 | 氏名 |
|------|------|----------|------|
|      |      |          |      |

**5.** Bilden Sie Sätze. 例にならい，「もう〜した？」と尋ねてみましょう。(S.65)

Beispiel: die Skihose einpacken

➡ ........*Hast du schon die Skihose eingepackt?*........

1) Futter für Robert kaufen

➡ ...................................................................................................

2) Sonnenschutz kaufen

➡ ...................................................................................................

3) das Auto checken

➡ ...................................................................................................

4) Oma anrufen

➡ ...................................................................................................

5) eine Navi-App downloaden

➡ ...................................................................................................

**6.** Bringen Sie die Wörter in die richtige Reihenfolge. 下線部の単語を正しい順番に並べ替えましょう。(S.66)

1) Frau / ich / sprechen / Berger / kann ?

Seiko Ogawa.

Ja, 2) ist / Name / Ihr / denn / wie ?

Einen Moment, bitte ... Tut mir leid,
3) Berger / nicht / im / Frau / ist / Haus .

Wissen Sie,
4) zurückkommt / Berger / wann / Frau ?

5) sicher / Frau / Abendessen / wieder / zum / zurück / ist / Berger ,
so gegen 19 Uhr.

1) ....................................................................................................... ?

2) Ja, ................................................................................................... ?

3) *Tut mir leid,* ....................................................................................... .

4) *Wissen Sie,* ....................................................................................... ?

5) .................................................................... , *so gegen 19 Uhr.*

**7.** Bilden Sie indirekte Fragen. それぞれの文を，例にならって間接疑問文に書き換えましょう。
(S.66)

Beispiel: Woher kommt Seiko? ➡ ........<u>Wissen Sie, woher Seiko kommt?</u>........

1) Was macht Seiko gern?

➡ ........................................................................................................

2) Wo wohnt Oliver?

➡ ........................................................................................................

3) Wann kommt Frau Berger zurück?

➡ ........................................................................................................

4) Wohin ist Jan gefahren?

➡ ........................................................................................................

5) Wie heißt der Supermarkt?

➡ ........................................................................................................


**8.** Bilden Sie indirekte Fragen. 例にならい，「～を教えてくれませんか？」と尋ねてみましょう。
(S.67)

Beispiel: Wo ist das Hotel Alpenhof?

➡ ........<u>Können Sie mir sagen, wo das Hotel Alpenhof ist?</u>........

1) Wie ist Ihre Handynummer?

➡ ........................................................................................................

2) Woher kommen Sie?

➡ ........................................................................................................

3) Was studieren Sie?

➡ ........................................................................................................

4) Wo wohnen Sie in Hamburg?

➡ ........................................................................................................

5) Wie kann ich an den Bodensee fahren?

➡ ........................................................................................................

**Lektion 11**

| 学部 | 学科 | 学籍番号 | 氏名 |
|---|---|---|---|
|  |  |  |  |

**1.** Bringen Sie die Sätze in die richtige Reihenfolge und machen Sie den Dialog. 文を書き入れ，会話を作りましょう。(S.70)

☐ Du bist bei mir immer willkommen.    ☐ Stimmt! Ein Jahr ist schnell vorbei.

☐ Danke! Ich schreibe dir bestimmt!    ☐ Die Zeit vergeht sehr schnell!

☐ Ja. Es war aber sehr schön, dass wir zusammen Deutsch lernen konnten.

☐ Komm doch mal nach Paris!

**2.** Bilden Sie Sätze. 例にならい「〜して／〜できてよかった」と作文しましょう。 (S.70)

Beispiel: Wir konnten zusammen Deutsch lernen.

➡ _Es war schön, dass wir zusammen Deutsch lernen konnten._

1) Ich habe viele Leute kennengelernt.

➡ ................................................................................................................

2) Viele Leute sind auf die Abschiedsparty gekommen.

➡ ................................................................................................................

3) Ich konnte die Prüfung bestehen.

➡ ................................................................................................................

4) Meine Klasse war nett.

➡ ................................................................................................................

**3.** Bilden Sie Sätze. 例にならって，それぞれの文を過去形または現在完了形に書き換えましょう。(S.71)

Beispiel: Seiko ist am Rhein. Sie sieht das Feuerwerk.

    ➡    *Seiko war am Rhein. Sie hat das Feuerwerk gesehen.*

1) Ich bin in Köln. Ich lerne Deutsch.

    ➡ .......................................................................................................................

2) Oliver ist auf dem Weihnachtsmarkt. Er trinkt Glühwein.

    ➡ .......................................................................................................................

3) Julia und Alain sind in der Stadt. Sie kaufen ein.

    ➡ .......................................................................................................................

4) Frau Berger ist zu Hause. Sie sieht fern.

    ➡ .......................................................................................................................

5) Wir sind im Stadtwald. Wir machen ein Picknick.

    ➡ .......................................................................................................................

6) Ich bin in Österreich. Ich fahre Ski.

    ➡ .......................................................................................................................

**4.** Was war im letzten Jahr für Sie schön? この一年を振り返って，あなたにとって楽しかったことは何ですか？ 3つを選び「〜して（できて）よかった」と作文してましょう。(S.71)

Beispiel: Ich konnte viel Deutsch lernen.

    ➡    *Es war schön, dass ich viel Deutsch lernen konnte.*

☐ Ich konnte viele Leute kennenlernen.      ☐ Ich hatte nette Freunde.

☐ Ich konnte eine Reise nach ... machen.      ☐ Ich hatte nette Lehrer.

☐ Ich konnte viel ... spielen.      ☐ Ich hatte viel Freizeit.

☐ Ich konnte viel Neues lernen.

.......................................................................................................................

.......................................................................................................................

.......................................................................................................................

**Lektion 11**  提出日：　　　月　　　日（　　）

| 学部 | 学科 | 学籍番号 | 氏名 |
|------|------|----------|------|
|      |      |          |      |
|      |      |          |      |

**5.** Ergänzen Sie die Tabelle. 表を完成させましょう。(S.70, 72)

|          | sein の 過去形 | haben の 過去形 | müssen の 過去形 | wollen の 過去形 | können の 過去形 |
|----------|--------------|---------------|----------------|----------------|----------------|
| ich      | war          |               |                | wollte         |                |
| er/sie/es |             | hatte         |                |                | konnte         |
| wir      |              |               | mussten        |                |                |

**6.** Schreiben Sie Sätze im Präteritum. それぞれの文を過去形に書き換えましょう。(S.72)

1) Seiko und Alain müssen Julia nach Hause bringen.

   ➡ ................................................................................

2) Julia muss nach Italien zurückfahren.

   ➡ ................................................................................

3) Julia ist traurig.

   ➡ ................................................................................

4) Julia kann nicht allein nach Hause gehen.

   ➡ ................................................................................

5) Seiko will ihre Sachen packen.

   ➡ ................................................................................

6) Ich habe viel Freizeit.

   ➡ ................................................................................

**7.** Was passt zusammen? Bilden Sie Sätze mit „weil".

① 1) ～ 4) の文の理由を a) ～ d) から選び，線でつなぎましょう。

② 2つの文を 従属接続詞 weil でつなぎ，一つの文にして書きましょう。(S.73)

1) Alain konnte nicht trinken.　　　　·　　　　·　a) Sie war verliebt

2) Seiko wollte früh nach Hause　　　·　　　　·　b) Er wollte mit dem Auto
　 gehen.　　　　　　　　　　　　　　　　　　　　　zurückfahren.

3) Seiko und Alain mussten Julia　　 ·　　　　·　c) Sie musste ihre Sachen noch
　 nach Hause bringen.　　　　　　　　　　　　　 einpacken.

4) Julia wollte noch in Deutschland　·　　　　·　d) Sie war beschwipst.
　 bleiben.

1) ...............................................................................................................................

2) ...............................................................................................................................

3) ...............................................................................................................................

4) ...............................................................................................................................

**8.** Ergänzen Sie.　下線部に aber, und, deshalb のいずれかを入れましょう。(S.73)

1) Die Party gestern war schön. ........................... Seiko ist heute müde.

2) Seiko wollte früh nach Hause gehen, ........................... sie ist sehr spät zurückgekommen.

3) Julia ist in einen Klassenkameraden verliebt. ........................... wollte sie noch in
　 Deutschland bleiben.

4) Julia war beschwipst ........................... konnte nicht allein nach Hause gehen.

5) Julia fährt nach Italien. ........................... ihr Klassenkamerade fährt nach Spanien.

6) Seiko konnte gestern ihre Sachen nicht einpacken. ........................... muss sie ihre Sachen
　 jetzt einpacken.

**Lektion 12**

| 学部 | 学科 | 学籍番号 | 氏名 |
|---|---|---|---|
|  |  |  |  |

**1.** Was ist Seikos Traum? Sehen Sie die Bilder auf S.75 und schreiben Sie. 聖子や Oliver はどんな夢を持っていますか？ テキスト 75 ページを見て，作文しましょう。

> ☐ ein Modegeschäft in Florenz aufmachen ☐ ein Ferienhaus kaufen
> ☐ Urlaub in Hawaii machen ☐ Seiko in Japan besuchen
> ☐ Profi-Fußballer werden ☐ fliegen ☑ Flugbegleiterin werden

Beispiel: Seiko ___*möchte Flugbegleiterin werden.*___

1) Oliver ................................................................

2) Frau Berger ................................................................

3) Alain ................................................................

4) Jan ................................................................

5) Julia ................................................................

6) Robert ................................................................

**2.** Ergänzen Sie. 下から語を選び空欄に入れ，会話を完成させましょう。(S.76)

> ☐ hätte ☐ kann ☐ kannst ☐ könnte
> ☐ könnte ☐ könnte ☐ muss ☐ wäre

Oliver: Du seufzt schon wieder, was hast du denn?

Seiko: Du weißt doch, dass ich schon bald nach Japan zurückfliegen .......................... .

Oliver: Bist du nicht glücklich, dass du nach Hause zurückkehren .......................... ?

Seiko: Nein! Ich bin total unglücklich.

Ich .......................... immer noch so wenig Deutsch.

Es .......................... schön, wenn ich mehr Zeit .......................... .

Ich .......................... dann weiter Deutsch lernen.

Und ich .......................... noch bei euch bleiben und jeden Tag mit

Robert spielen ... Vielleicht .......................... ich euch im Sommer besuchen?

Oliver: Na, klar!

**3.** Bilden Sie Sätze. 例にならって「〜だったらいいのに」と作文しましょう。(S.77)

Beispiel: mehr Freizeit haben

➡ *Es wäre schön, wenn ich mehr Freizeit hätte.*

weiter Deutsch lernen können

➡ *Es wäre schön, wenn ich weiter Deutsch lernen könnte.*

1) eine große Wohnung haben

➡ ......................................................................................................................................

2) nach Deutschland fliegen können

➡ ......................................................................................................................................

3) ein Auto haben

➡ ......................................................................................................................................

4) Französisch sprechen können

➡ ......................................................................................................................................


**4.** Was könnten Sie machen, wenn Sie mehr Zeit hätten? もしもっと時間があったら，どんなことがあなたはできるのに，と思いますか？ 例にならって下の表現を使い，文を5つ作ってみましょう。(S.79)

☐ mehr* ... lernen     ☐ mehr ... machen     ☐ mehr ... spielen
☐ öfter** Freunde treffen     ☐ öfter jobben     ☐ öfter in ... gehen

*mehr もっとたくさん     **öfter もっと頻繁に

Beispiel : *Wenn ich mehr Zeit hätte, könnte ich mehr Sport machen.*

......................................................................................................................................

......................................................................................................................................

......................................................................................................................................

......................................................................................................................................

......................................................................................................................................

| 学部 | 学科 | 学籍番号 | 氏名 |
|---|---|---|---|
|  |  |  |  |

**5.** Ergänzen Sie. 下から語を選び空欄に入れ，会話を完成させましょう。(S.78)

☐ besuchen　☐ besuchen　☐ bleiben　☐ fahren　☐ fahren　☐ hättest
☐ kannst　☐ muss　☐ sein　☐ soll　☐ würde　☐ würde　☐ würde　☐ würdest

Was ................................ du denn machen, wenn du hier mehr
Zeit ................................?

Ich ................................ weiterhin die Sprachschule .................................
Und ich ................................ auch nach Berlin .................................
Die Stadt ................................ sehr schön und interessant .................................
Und ich ................................ nach Paris ................................,
um Alain zu .................................

................................ du denn nicht länger ................................?

Nein. Ich bin nur für ein Jahr beurlaubt.
Ich ................................ im April wieder an die Uni zurück.

**6.** Bilden Sie Sätze. 例にならって，「～するために～へ行く」と作文しましょう。(S.79)

Beispiel: nach Paris fahren / Alain besuchen

➡　　_Ich fahre nach Paris, um Alain zu besuchen._

1) nach Deutschland fliegen / Deutsch lernen

➡　................................................................................................

2) in die Buchhandlung gehen / ein Wörterbuch kaufen

➡　................................................................................................

3) nach Tokyo fahren / eine Freundin besuchen

➡　................................................................................................

4) in die Bibliothek gehen / für einen Test lernen

➡　................................................................................................

**7.** Was passt zu den Verben? 与えられた語はどの動詞といっしょに使いますか？ 表に書き入れましょう。

☐ Blumenstecken  ☐ Deutsch  ☐ Judo  ☐ Karate
☐ meine Großeltern  ☐ Sport  ☐ einen Tanzkurs  ☐ einen Kochkurs
☐ einen Tenniskurs  ☐ einen Freund  ☐ eine Freundin  ☐ Englisch
☐ Koreanisch  ☐ Teezeremonie

| besuchen | lernen | machen | in ... gehen |
|---|---|---|---|
|  |  |  |  |

**8.** Ergänzen Sie. 例にならって **7.** を参考に下線部に語を入れ，文を完成させましょう。(S.79)

Beispiel: Wenn ich mehr Zeit hätte, würde ich ___in einen Tanzkurs___ gehen.

1) Wenn ich mehr Zeit hätte, würde ich _____ besuchen.

2) Wenn ich mehr Zeit hätte, würde ich _____ lernen.

3) Wenn ich mehr Zeit hätte, würde ich _____ machen.

4) Wenn ich mehr Zeit hätte, würde ich in _____ gehen.

Disc2
ナチュラル
🎧049
ゆっくり
🎧050

**9.** Hören Sie. Was würden Seiko, Oliver und Julia machen, wenn sie Millionäre wären? 音声を聴き, Seiko, Oliver, Julia が百万長者だったら何をすると答えているか, 作文しましょう。(S.79)

1) Seiko würde _____ ,
wenn sie Millionärin wäre.

2) Oliver würde _____ ,
wenn er Millionär wäre.

3) Julia würde _____ ,
wenn sie Millionärin wäre.

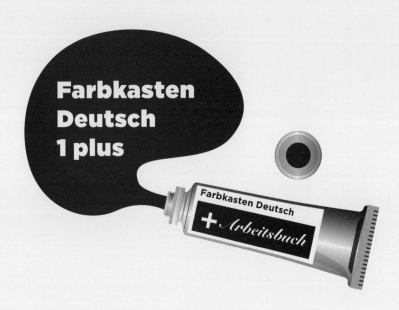